Herder Taschenbuch 1600

Über das Buch

Dieses Wörterbuch bietet Aufklärung über spirituelles und sogenanntes „Geheimwissen“. Dazu ist es höchste Zeit, denn die „esoterische Welle“ hat zwar ein breites Interesse an dieser jahrtausendealten Tradition der Menschheit geweckt, zugleich aber gefährliche Verwirrung gestiftet. Esoterik bezeichnet das nach innen gerichtete Wissen und den Weg dorthin, das allein auf rationale Weise nicht vermittelt und überprüft werden kann. Die Gefahr des Mißbrauchs ist daher nicht von der Hand zu weisen. Wer sich jedoch unvoreingenommen und seriös mit den vielfältigen Erscheinungen der Esoterik beschäftigt, wird Scharlatanerie von Tiefenerfahrung bald zu unterscheiden wissen. Auf dem Erkenntnisweg ist das vorliegende Wörterbuch eine willkommene Hilfe. Es stammt aus der Feder eines vielfach anerkannten Kenners esoterischer Traditionen, der deutschen Mystik und verwandter Gebiete.

Über den Autor

Gerhard Wehr, geboren 1931 in Schweinfurt/Main, ist freier Autor und lehrt an der Diakonenschule Rummelsberg bei Nürnberg. Zahlreiche Publikationen aus dem Bereich der christlichen Spiritualität, Tiefenpsychologie und Anthroposophie; zuletzt Biografien über C. G. Jung, Rudolf Steiner, Graf Dürckheim. Herausgeber der Werke Jakob Böhmes.

Gerhard Wehr

Wörterbuch der Esoterik

Zugänge zum spirituellen Wissen von A–Z

Herder Taschenbuch Verlag

Originalausgabe
erstmals veröffentlicht als Herder-Taschenbuch

Buchumschlag: Walter Emmrich

Herder Freiburg · Basel · Wien
Herstellung: Freiburger Graphische Betriebe 1989
ISBN 3-451-08600-X

Esoterik heute

Eine Vorbemerkung

„Neben der Religion des Glaubens an einen transzendenten Gott tritt heute die auf Erfahrung des Göttlichen begründete, im Exercitium zu entwickelnde und in einer befreienden Verwandlung gipfelnde *Religiosität des inneren Weges*. Neben den Glauben an eine Erlösung, die wir niemals selbst bewirken können, tritt das Wissen um die Möglichkeit eines Erwachens zu einem uns innewohnenden, ja im Kern selbst ausmachenden göttlichen Sein ... Diese Religiosität ist nichts anderes als das Ausschreiten des in unserem Wesen eingeborenen Weges zur Person, der ... uns aus der Nacht des natürlichen Bewußtseins hinführt zum Erwachen im Licht eines höheren Bewußtseins."

Diese Gedanken schrieb Karlfried Graf Dürckheim in den sechziger Jahren nieder, also lange bevor die einerseits beachtenswerte, andererseits die fragwürdige „Esoterik-Welle" die westliche Welt überrollte. Augenscheinlich mehren sich die Fälle, in denen heute suchende Menschen durch individuelle Schicksalsführung auf einen inneren Weg geführt werden, auf einen Weg, der zum „inneren Meister", nicht zuletzt zum inneren Christus hin geleitet. Es fällt auf, daß dergleichen in dem Maße geschieht, in dem die Auswanderung aus den Kirchen zugenommen hat, und zwar nicht allein durch die standesamtlich beurkundeten sogenannten „Kirchenaustritte". Kein Sachkundiger wird indes behaupten wollen, daß das (neutestamentlich verstandene) „In-Christus-Sein" durch eine äußere Kirchenmitgliedschaft und durch entsprechende soziale Aktivitäten ersetzt werden könnte. Für Verkündigung und Seelsorge ist diese Beobachtung aufregend genug!

Nun hängt es freilich entscheidend davon ab, was unter Esoterik verstanden wird, ob etwa damit jenes undifferenzierte Sammelsurium von sensationellen Erscheinungen (etwa im parapsychologischen Bereich) oder die unterschiedlichsten okkultistischen Praktiken gemeint sind. Oder ob – wie es hier versucht wird – ein Weg der Persönlichkeitsreifung, der Wesenswandlung und der Öffnung zum Spirituellen hin in den Blick kommt. Wo immer die Begegnung mit der Welt der Esoterik zustandekommt, werden naturgemäß viele Fragen aufgeworfen. Sie zu beantworten ist nicht immer leicht, einmal, weil es zum Wesen esoterischer Erfahrung gehört, daß sie sich exakter Definition widersetzt; zum andern, weil die einzelnen Begriffe in einem größeren, nicht immer leicht überschaubaren Kontext stehen. So sind nicht allein einzelne Bezeichnungen zu klären, die gerade die öffentliche Diskussion beherrschen, etwa die Termini „New Age", „Wassermann-Zeitalter", „Transformation" und dergleichen. Es zeigt sich, daß die einzelnen Begriffe in einem großen historischen Zusammenhang stehen. Aus diesem Grund sind in diesem kleinen Wörterbuch auch eine Reihe von solchen Stichworten aufgenommen, ohne deren Kenntnis aktuelle Erscheinungen nicht recht verstanden werden können. Die mit dem Zeichen →markierten Begriffe und Querverweise unterstreichen einmal mehr, wie stark Esoterisches miteinander „vernetzt" ist. Darüber hinaus werden Literaturhinweise geboten, die eine weitere Vertiefung erleichtern.

Schwarzenbruck bei Nürnberg
im Sommer 1988 *Gerhard Wehr*

A

Adam Kadmon. In Unterscheidung zum Adam der →Bibel (Adam ha-Rishon) symbolisiert er in der →Kabbala den Urmenschen, der in Gott ruht, bzw. Gott, der sich selbst als Urmensch zu erkennen gibt, sofern er aus der Verborgenheit (→En sof) heraustritt. Somit stellt er die anthropologische Entsprechung zum Baum der →Sefiroth dar. Die Zehnheit ihrer Attribute steht für den mystischen Menschen. Danach läßt sich die Welt der Gottesoffenbarung auch durch eine anatomische Symbolik ausdrücken. Das will besagen, daß sich im menschlichen Geschehen tieferliegende, normalerweise verborgene Tatbestände und Vorgänge erkennen lassen. Der wirkliche Mensch (Mikrokosmos) findet somit sein Urbild im lebendigen Gott als dem Makroanthropos. Die menschlichen Glieder sind in den „heiligen Formen Gottes" geistig vorgebildet. „Die Urwelt des Menschen, sowohl des kreatürlichen als des ungeschaffenen, nur eben im A. K. entfalteten, ist der Bereich, auf den sich, wie der →Sohar immer wiederholt, alle seine esoterische Rede bezieht. Denn jene geheime Welt des im →Symbol des Menschen erscheinenden Gottes ist beides zugleich: sie ist die Welt des ‚inneren' Menschen, aber auch der Bezirk, der sich nur dem gläubigen Sinn in der →Kontemplation eröffnet und den der Sohar als ‚Geheimnis des Glaubens' vorstellt" (G. Scholem, Zur Kabbala ... S. 139).

Lit.: G. Scholem, Die jüdische Mystik in ihren Hauptströmungen. Frankfurt 1957; ders., Zur Kabbala und ihrer Symbolik. Zürich 1960.

Adoptionslogen, in den Zusammenhängen der →Freimaurerei, die ursprünglich die →Frau als Mitglied prinzipiell ausschloß, Konventikel für Frauen mit eigenen freimaurerischen Graden und Ritualen. Die Bildung von A. wurde insbesondere in Frankreich etwa ab 1745 stark gefördert, anfänglich um das maurerische Brauchtum der exklusiven Männergesellschaften zu verspotten, dann aber und in der Hauptsache, um auch der Frau die Möglichkeit zu geistig-ethischer Vervollkommnung zu eröffnen. Abgesehen von ausgesprochenen Frauenlogen bildeten sich androgyne (→ Androgynität) oder gemischte Logen, insbesondere solche mit mystisch-okkulter Zielsetzung, in denen Mann und Frau gleichberechtigt als die Repräsentanten der polaren Prinzipien am „großen Werk" arbeiten. Die Nähe der anglo-indischen → Theosophie zu den androgyn organisierten freimaurerischen Hochgradverbindungen führte zur Bildung des heute noch in Frankreich existierenden „Le Droit Humain" (gegründet 1893). In diesem Logenzusammenhang fanden u. a. führende Theosoph(inn)en Eingang, unter ihnen die Nachfolgerin von H. P. Blavatski: Annie Besant (1902). „In Adyar verband sie Theosophie und Droit Humain-Maurerei zu einer funktionellen Einheit. Allerdings blieb diese Form der Maurerei innerhalb der Theosophie eine echte Geheimgesellschaft, eine Art innerer Kreis" (K. R. H. Frick). Selbst Rudolf Steiner knüpfte an Formen der A. an, als er in der Anfangszeit der → Anthroposophie Mitgliedern seines esoterischen Kreises die von ihm initiierte Erkenntnisarbeit durch kultisch-symbolische Handlungen veranschaulichte.

Lit.: E. Lennhoff / O. Posner (Hrsg.), Internationales Freimaurerlexikon. Wien 1932; K. R. H. Frick, Die Erleuchteten. Graz 1973; ders., Licht und Finsternis II. Graz 1978; ders. in: Kursbuch der Weltanschauungen. Berlin 1981.

Aktive Imagination, (→ Imagination) ist eine diagnostisch-therapeutische Methode, die C. G. Jung nach seiner Trennung von S. Freud (um 1916) entwickelt hat und die im Rahmen der → Analytischen Psychologie in dafür angezeigten Fällen angewendet wird. Mit Hilfe der A. I. können Inhalte des → Unbewußten aufgerufen und bewußt gemacht werden. Das geschieht in der Art, in der der Imaginierende sich mit den Hervorbringungen seines Unbewußten, d. h. mit den in seinen Phantasien auftauchenden Figuren so auseinandersetzt, z. B. mit ihnen spricht, als handle es sich um reale Personen oder auch Tiere. Es können Situationen entstehen, die vom Praktiker der A. I. Entscheidungen verlangen, die für die besondere geistig-seelische Ausgangslage des Betreffenden wichtig sein können. „Der Imaginierende muß lernen, daß letztlich der Quell der schöpferischen →Meditation in seiner eigenen →Seele liegt. Dort befindet sich der →Meister der wahren Imagination" (A. N. Ammann). Von anderen Formen der Meditation bzw. des →inneren Wegs hebt sich die A. I. dadurch ab, daß man sich zwar in klarer Bewußtheit dem stellt, was sich gestalt- und ereignishaft zeigt, daß man aber frei von irgendwelchen Vorhaben oder Zielen in den Prozeß der A. I. eintritt. Es ist das Unbewußte selbst, das die Bilder und Ereignisse vorgibt. Man wird nicht deren bzw. dessen Opfer, weil der Imaginierende – dem Helden im Mythos oder Märchen vergleichbar – sich als Partner „aktiv" stellt.

Lit.: C. G. Jung, Die transzendente Funktion (1916), in: Gesammelte Werke Bd. 8; A. N. Ammann, Aktive Imagination. Darstellung einer Methode. Olten–Freiburg 1978; M. L. von Franz, Die Aktive Imagination in der Psychologie C. G. Jungs, in: W. Bitter (Hrsg.), Meditation in Religion und Psychotherapie. Stuttgart 1957.

Alchemie, Alchymie. Das Wort soll aus dem arabischen „al-kimiya" bzw. aus dem altägyptischen „keme", schwarze Erde, abgeleitet sein (T. Burckhardt), doch ist auch das griech. „chemeia", Chemie mit vorgestellten arabischem Artikel „al" denkbar. Zusammen mit der →Astrologie gehört sie zum Grundbestand der →Hermetik. Sie gilt ursprünglich als die Kunst der Veredelung von Stoffen, zum anderen im übertragenen Sinn als die Umwandlung des Menschen zu dessen voller spiritueller Reife. Beide Male wird das Ziel des alchemistischen Werks (opus alchymicum) mit symbolischen Ausdrücken angegeben, etwa als die Herstellung des geheimen Goldes, was mit angeblicher Goldmacherei nichts zu tun hat, oder mit der Herstellung des „Steins der Weisen" (→Lapis philosophorum) oder eines Elixiers der Unsterblichkeit.

Ähnlich wie die Astrologie gehen die Praktiken der A. in früh- und prähistorischen Zeiten zurück, als es darum ging, in die Geheimnisse der stofflichen Welt einzudringen, im Bereich der Schmiedekunst, mit Feuer und Erzen umzugehen und dabei sich selbst einem Prozeß „chymischer" Veredelung auszusetzen. So gesehen ist A. weltweit verbreitet. Als eine →Mysterien-Wissenschaft bediente sie sich einer verhüllenden Sprache und Metaphorik (→Arkandisziplin), um innerlich Unvorbereitete oder Neugierige fernzuhalten, aber auch um technische Betriebsgeheimnisse vor Mißbrauch durch Unbefugte zu schützen.

Eine frühe Blüte erlebte die abendländische A. in Alexandrien, in der die Disziplinen der Hermetik, der →Gnosis u. ä. in den ersten nachchristlichen Jahrhunderten gepflegt wurden. Der Parallelismus, der zwischen der materiellen und der spirituellen Dimension der Wirklichkeit besteht, verlangt, daß der Praktiker der A. gleichsam in beiden Räumen tätig wird: im Laboratorium seines chemischen Tuns und im Oratorium, d. h. im Raum des Gebetes und der meditativen Betrachtung. Es ist daher nicht gleichgültig, in welcher seelisch-geistigen Verfassung er die einzelnen Stadien des Werks einleitet und miterlebend durchschreitet. Die einzelnen Phasen sind von farbigen Imaginationen begleitet. Sie drücken ein materiell-geistig-psychisches Wandlungsgeschehen aus, an dessen Ende der geheimnisvolle →Lapis philosophorum (Stein der Weisen) stehen und der Alchemist die →Chymische Hochzeit erleben soll. Am Anfang steht der Zustand der Schwärzung (nigredo). Mit ihm wird das Werk eingeleitet. Es folgt der Tod (mortificatio, putrefactio usw.). Dadurch wird die eigentliche Schwärzung verursacht. Darauf deutet in den Darstellungen des alchemistischen Werks z. B. das Bild eines schwarzen Raben. Die mystische Erfahrung kennt die Durchgangsphase des mystischen Todes (→Mystik). C. G. Jung, der die Aussagekraft und Bedeutsamkeit der alchemistischen Bildwelt für die moderne Tiefenpsychologie erkannt und in einigen seiner Hauptwerke eingehend beschrieben hat, schildert den weiteren Fortgang so:

„Aus der ‚nigredo' führt die Abwaschung (ablutio, baptisma) entweder direkt zur Weißung, oder die beim Tod entwichene Seele (anima) wird dem toten Körper wieder vereinigt, zur Belebung desselben, oder es leiten die vielen Farben (omnes colo-

res; cauda pavonis) zur einen, weißen Farbe, die alle Farben enthält, über. Damit ist das erste Hauptziel des Prozesses, nämlich die ‚albedo', ‚tinctura alba', ‚terra alba foliata', ‚lapis albus' usw. erreicht, welche von vielen schon so hoch gepriesen wird, als ob das Ziel überhaupt erreicht wäre. Es ist der Silber- oder Mondzustand, welcher aber noch bis zum Sonnenzustand gesteigert werden soll. Die ‚albedo' ist gewissermaßen die Dämmerung; aber erst die ‚rubedo' ist der Sonnenaufgang. Den Übergang zur ‚rubedo' bildet die Gelbung (citrinitas), welche ... später in Wegfall kommt. Dann geht die ‚rubedo' direkt aus der ‚albedo' hervor durch Steigerung des Feuers auf den höchsten Grad. Das Weiße und das Rote sind Königin und König, die auch in dieser Phase ihre ‚nuptiae chymicae' (chymische Hochzeit) feiern können."
In der wechselvollen Geschichte der A., in der ernsthafte Sucher und abergläubische „Sudelköche", nicht selten betrogene Betrüger, einander Gesellschaft bieten, wurde der christliche Bezug immer wieder zu Ehren gebracht, etwa im Zusammenhang der →Rosenkreuzer oder bei Jakob Böhme. Auch er bediente sich bisweilen des alchemistischen Wortschatzes, um die spirituelle Reifung des erneuerten Menschen einzuleiten, wenn er schreibt: „Und lasset euch das, ihr Sucher der metallischen Tinktur offenbar sein: Wollt ihr den Lapidem philosophorum (Stein der Weisen) finden, so schicket euch zur neuen →Wiedergeburt in Christo." Und Angelus Silesius reimt im „Cherubinischen Wandersmann": „Dein Stein, Chymist, ist nichts; der Eckstein, den ich mein' / Ist meine Goldtinktur, ist aller Weisen Stein."

Lit.: A. von Bernus, Alchymie und Heilkunst. Nürnberg 1948; T. Burckhardt, Alchemie, Sinn und Weltbild. Olten 1960; M. Eliade, Schmiede und Alchemisten. Stuttgart 1960; C. G. Jung, Psychologie und Alchemie. Zürich 1944; St. Klossowski de Rola, Alchemie, die geheime Kunst. München 1974.

Alphabet, in magischen und mystischen Zusammenhängen die Möglichkeit, durch die Schrift innere →Erfahrung festzuhalten bzw. mittels Kenntnis und Anwendung bestimmter Buchstabenkombination (Zauberformeln udgl.) beschwörende Wirkungen auszuüben. Auf diese Weise das A. zu benützen, geht auf das Erstaunen und Erschaudern des frühen Menschen angesichts der „mächtigen Zeichen" (→Symbol) zurück. Die →Hermetik verdankt Schrift und Zahl ihrem Inspirator Thot-Hermes (Hermes Trismegistos). „Die ersten Anfänge mystischer Erfahrung haben wir da vor uns, wo einem Menschen plötzlich die tiefere Bedeutung eines bekannten Wortes oder Satzes aufgeht" (W. James). So birgt das A. einen unerschöpflichen Reichtum an Gestaltungs- und Erlebnismöglichkeiten, die über die bloße Sachmitteilung weit hinausgehen. Auch die „heilige Schrift" in Judentum, Christentum und Islam erlangt letztlich durch die numinose Bedeutung des A. ihren besonderen Rang. Die →Kabbala entwickelte spezielle Umgangsformen mit dem A., etwa beim Gebrauch geheimer Gottesnamen (→Namen) sowie in der mystischen Bibelexegese (→Bibel).

Lit.: F. Dornseiff, Das A. in Mystik und Magie (1925), Wiesbaden 1985; G. Scholem, Der Name Gottes und die Sprachtheorie der Kabbala, in: ders., Judaica 3. Frankfurt 1973; F. Weinreb, Buchstaben des Lebens. Freiburg 1979; ders., Zahl, Zeichen, Wort. Das symbolische Universum der Bibelsprache. Reinbek 1978.

Analytische Psychologie, nicht zu verwechseln mit der klassischen Psychoanalyse S. Freuds, ist die von C. G. Jung (1875–1961) entwickelte Forschungs- und Therapierichtung (auch Komplexe Psychologie genannt): Sie knüpft insofern an die elementaren Erkenntnisse Freuds an, insofern auch sie die Wichtigkeit des →Unbewußten anerkennt. Jedoch hat Jung erkannt, daß es nicht nur ein persönliches Unbewußtes gibt, in das Vergessenes bzw. Verdrängtes „absinkt" und von dorther die seelische Gesundheit beeinträchtigen kann. Hinzutritt in der A.P. das die Persönlichkeit des individuellen Menschen übersteigende kollektive Unbewußte als die schöpferische, in →Symbolen sich artikulierende Quelle des Bewußtseins. Für die Einschätzung esoterischer Tatbestände wichtig sind die im kollektiven Unbewußten veranlagten →Archetypen, durch die der einzelne Mensch an die Welt der →Seele und des Geistes angeschlossen ist, die ihn grundsätzlich mit der Gattung Mensch in Zusammenhang bringt und wodurch seine →Erfahrung richtungweisenden Inhalt und Tiefe empfängt. Jung fand

u.a. heraus, daß die spirituellen Traditionen der Menschheit (Religion, →Mythos, →Mystik, Märchen u. dgl.) herangezogen werden können, um gegebenenfalls Hervorbringungen des Unbewußten (große Träume) im Blick auf die →Selbst-Werdung des Menschen zu verstehen und diesen Prozeß als solchen, die →Individuation voranzubringen. In zweifacher Hinsicht ist C. G. Jung für den esoterischen Themenkreis wichtig geworden: Zum einen stellen in seinem umfangreichen literarischen Werk Bereiche der →Gnosis, der westlichen wie der östlichen Mystik, sodann der →Alchemie wesentliche Materialien zur Veranschaulichung innerer Erfahrung und Reifung dar. Zum anderen zeigt seine Biographie, daß er selbst einen Prozeß durchlaufen hat, der ihn für seine Deutungen und Therapieweisen legitimierte.
So gesehen stellt die A. P. im größeren Rahmen der →Transpersonalen Psychologie einen wichtigen Beitrag dar, Esoterik nicht nur als eine Außenseiterbeschäftigung und →New Age nicht nur als eine kurzlebige Modeerscheinung abzutun. Im Blick auf die Interpretation fernöstlicher Spiritualität wie angesichts der Aufgabe, die →Bibel auf Situation und Reifung des Menschen hin auszulegen, stellt die A. P. wesentliche Erkenntnishilfen bereit.

Lit.: Grundlegend sind im Rahmen einer Gesamtausgabe die Werke von C. G. Jung, jetzt Olten (z. Zt. 20 Bände); ders., Erinnerungen, Träume, Gedanken, hrsg. von A. Jaffé. Zürich 1962ff., jetzt Olten–Freiburg. – H. Dieckmann, Methoden der Analytischen Psychologie. Olten–Freiburg 1979; J. Jacobi, Die Psychologie von C. G. Jung. Zürich 1959; A. Jaffé, Aus Leben und Werkstatt von C. G. Jung. Zürich 1968; C. A. Meier, Lehrbuch der Komplexen Psychologie, I/IV. Zürich 1968ff.; G. Wehr, C. G. Jung und Rudolf Steiner. Stuttgart 1972; Frankfurt 1982; ders., Carl Gustav Jung. Leben, Werk, Wirkung. München 1985 (als Diogenes TB. Zürich 1988).

Androgyn (griech. „anér“, Mann; „gyne“, Frau). Als Ausdruck männlich-weiblicher Ganzheit taucht A. in vielen mythischen und religiösen Überlieferungen auf. Götter sind mit ihrer weiblichen Wesensseite (sanskrit „Shakti“) verbunden, oder sie verharren wie in ewiger Kohabitation (tibetisch „Yab-yum“-Vereinigung des männlichen und des weiblichen Prinzips). Abgesehen davon ist es vor allem der erste Mensch, genauer der vor seiner vollen irdischen Verkörperung seiende Urmensch (→ Adam Kadmon), in dem ebenfalls Männliches und Weibliches eine Einheit darstellen (chines. → „Yang-Yin"), ehe die Aufspaltung in die beiden Geschlechter erfolgte, sei es durch eine Tat der Götter, sei es durch menschliches Verschulden (Sündenfall). Die esoterische → Bibel-Auslegung im Judentum kannte ebenso wie christliche Mystiker (J. Böhme, F. C. Oetinger, J. G. Gichtel, F. von Baader u. a.) die A. Adams, ehe Eva aus seiner „Seite" geschaffen wurde. Der aus dem Griechentum sich herleitende Überlieferungsstrang geht auf Platons Symposion-Dialog zurück. Die neueren esoterischen und theosophischen Lehrsysteme kennen ähnlich wie die → Anthroposophie die A.-Vorstellung. Danach ging der Mensch aus der androgynen Urgestalt hervor. Um seiner Entwicklung und Reifung willen zu einem selbstbewußten Ich bedurfte es der Geschlechtertrennung. Der Mensch der Zukunft steht wiederum im Zeichen der A. – F. von Baader spricht von dem Prozeß der „Reintegration", die er von der Menschwerdung Christi und von der Christwerdung des Menschen ableitet. Eine Entsprechung kennt die Tiefenpsychologie C. G. Jungs, in dessen Prozeß der Selbstwerdung (→ Individuation) einerseits die Begegnung mit dem „Schatten", andererseits die Integration des „Seelenbildes" (Animus bzw. Anima) kommen soll.

Lit.: E. Benz, Adam – der Mythus vom Urmenschen. München 1955; J. Singer, Nur Frau, nur Mann? München 1981; G. Wehr, Der Urmensch und der Mensch der Zukunft. Freiburg 1964.

Anglo-indische Theosophie. Um dem naturwissenschaftlichen Materialismus und Positivismus in der zweiten Hälfte des 19. Jahrhunderts mit einer spirituell (im Ansatz auch spiritistisch-spiritualistisch) orientierten Bewegung entgegenzutreten, begründete Helene Petrowna Blavatsky (1831–1891) zusammen mit dem amerikanischen Oberst Henry St. Olcott 1875 in den USA die Theosophical Society (Theosophische Gesellschaft). Nicht allein die Verlegung des Hauptquartiers nach Madras/Indien rechtfertigt die Bezeichnung „anglo-indisch“. In dem Bestreben, die eine Wahrheit in allen Religionen und Weltanschauungen zu erforschen sowie eine weltweite Verbrüderung der geistig suchenden Menschen herzustellen, wurden orientalisierende Tendenzen in der A.-i.T. offenkundig. Daß die Gründung dieser inzwischen in zahlreiche abgespaltene Gruppierungen einem Bedürfnis entsprach, zeigte die rasche, beinahe weltweite Verbreitung. Organisatorisch gesehen, entwickelte sich im Rahmen des deutschen Zweigs der Theosophischen Gesellschaft unter Führung von Rudolf Steiner (1861–1925) die Anthroposophische Gesellschaft mit ihren zahlreichen esoterischen wie exoterischen Aktivitäten (→Anthroposophie; →Theosophie). Die Theosophen betrachten alles Seiende als eine große Einheit, dargestellt in einem harmonisch geordneten geistig-physischen Kosmos. Diese Einheit „wird von einem überbewußten und überpersönlichen innerweltlichen göttlichen Prinzip gelenkt ... Gott ist die Welt und die Welt ist Gott. Gott steht nicht über oder außerhalb der Welt, sondern alles Seiende, alle Welten im Universum, alle Menschen, Tiere, Pflanzen, Mineralien bis zum kleinsten Atom sind selbst göttlicher Natur. Gottes Immanenz ist als ein wesentliches Innewohnen Gottes in den Dingen, als eine vollständige Identifizierung mit den Dingen zu verstehen. Die T. will über allen Religionen stehen und den Menschen zu einer höheren Stufe führen, nämlich zur Erkenntnis (→Gnosis) der wahren Dinge. Der Weg zu dieser Erkenntnis ist die theosophische Geheimlehre“ (K. R. H. Frick). Ihre Elemente sind in dem gleichnamigen Hauptwerk von H. P. Blavatsky (Secret Doctrine) niedergelegt. Zum Basisschrifttum gehören ferner die Arbeiten von A. Besant, Leadbeater, F. Hartmann und anderen.

Lit.: K. R. H. Frick, Weltanschauungen des modernen Illuminismus, in: Kursbuch der Weltanschauungen. Frankfurt–Berlin 1981; H. Reller / M. Müßig Hrsg.), Theosophie in: Handbuch Religiöse Gemeinschaften. Gütersloh [3]1985; F. K. Steinberg, Esoteriker des Westens. Lorch 1953; weitere Lit. in Esoterik-Almanach Ausgabe 88/89. München 1988.

Anthroposophie, der von Rudolf Steiner (1861–1925) begründete Erkenntnisweg, „der das Geistige im Menschenwesen zum Geistigen im Weltall führen möchte ... A. vermittelt Erkenntnisse, die auf geistige Art gewonnen werden" (R. Steiner, Anthroposophische Leitsätze 1). Methodisch gesehen besteht der →innere Weg der A. insbesondere in Übungen der Konzentration, Meditation und Kontemplation, bei denen Denken, Fühlen und Wollen so geschult werden, daß eine Verstärkung der Seelenkräfte und damit verbunden eine qualitative Erweiterung des →Bewußtseins über den Zustand des gewöhnlichen Tagesbewußtseins hinaus bewirkt wird. Hierin, d.h. in der individuell verantworteten geistigen Arbeit liegt der eigentliche esoterische Charakter der A., und nicht etwa in der Fülle der Mitteilungen, die Steiner als Okkultist und „Geistesforscher" gemacht hat. Denn auch diese, auf viele Lebens- und Erkenntnisgebiete bezogenen Schilderungen, Unterweisungen und Ratschläge sind nicht etwa als blind zu befolgende oder autoritativ zu übernehmende Lehren zu betrachten. Steiner erwartete vielmehr eine unvoreingenommene denkerische Prüfung und gegebenenfalls praktische Erprobung, um im vornherein ein Höchstmaß an geistiger Freiheit und individueller Eigenständigkeit zu gewährleisten. Unter A. verstand Steiner eine Erforschung der geistigen Welt, welche die Einseitigkeiten einer bloßen Natur-Erkenntnis ebenso durchschaut wie die einer weltabgewandten Innerlichkeit. Demnach gelte es, um in die übersinnliche Welt einzudringen, „in der erkennenden Seele erst die im gewöhnlichen Bewußtsein und in der gewöhnlichen Wissenschaft noch nicht tätigen Kräfte (zu entwikkeln), welche ein solches Eindringen ermöglichen." Als Steiner zu Beginn dieses Jahrhunderts damit begann, hatte er sich bereits auf anderen Gebieten wichtige Erkenntnisgrundlagen erarbeitet, so als Herausgeber der naturwissenschaftlichen Schriften Goethes (1883–97), indem er „Grundlinien einer Erkenntnistheorie der Goetheschen Weltanschauung" (1886) entwarf und seine „Philosophie der Freiheit" (1894) entwikkelte.

Es folgten die für den esoterischen Weg wichtigen Schriften, insbesondere: „Theosophie" (1904), grundlegend für die anthroposophische Menschenkunde und eine erste Hinführung zum „Pfad der Erkenntnis". Dieser ist weiter ausgeführt und mit zahlreichen Übungsanregungen versehen unter dem Titel „Wie erlangt man Erkenntnisse der höheren Welten?" (1904). Zu den grundsätzlichen Erwägungen gehört, was zugleich den Steinerschen Ansatz deutlich werden läßt:

„Jede Erkenntnis, die du suchst, nur um dein Wissen zu bereichern, nur um Schätze in dir anzuhäufen, führt dich ab von deinem Wege; jede Erkenntnis aber, die du suchst, um reifer zu werden auf dem Wege der Menschenveredelung und der Weltenentwicklung, die bringt dich einen Schritt vorwärts. Dieses Gesetz fordert unerbittlich seine Beobachtung ... Man kann diese Wahrheit der geistigen Schulung in den kurzen Satz zusammenfassen: Jede Idee, die dir nicht zum Ideal wird, ertötet in deiner Seele eine Kraft; jede Idee, die aber zum Ideal wird, erschafft in dir Lebenskräfte."

In „Die Geheimwissenschaft im Umriß" (1909) ergänzt Steiner den so charakterisierten und unter neuen Gesichtspunkten beschriebenen Schulungsweg durch Schilderungen des Entwicklungsgangs von Welt und Mensch, wie sie sich seiner Schau ergeben hat. In weiteren Büchern, vor allem aber in einer Vielzahl öffentlicher und interner Vorträge, die größtenteils im Rahmen der mehr als 300 Titel umfassenden R. Steiner-Gesamtausgabe (GA) greifbar sind, hat ihr Autor die „anthroposophisch orientierte Geisteswissenschaft" entfaltet. Der Auf- und Ausbau der A. erfolgte bis 1912/13 im organisatorischen Rahmen der anglo-indischen Theosophischen Gesellschaft (Theosophical Society), als deren Generalsekretär für Deutschland Steiner tätig war. Aus dem schriftstellerischen wie aus dem Vortragswerk war von Anfang an deutlich, daß das Herzstück der A. Christus und eine eigenständige Christologie darstellt. Als der als „Weltenlehrer" ausgerufene Hinduknabe J. Krishnamurti von seinen Erziehern (A. Besant, C. W. Leadbeater) immer mehr zur Hauptperson gemacht wurde, war die Trennung unvermeidlich geworden. Sie geschah insbesondere, um die christozentrische Ortsbestimmung der A. zu bestätigen.

Die Steinersche Christologie basiert zunächst auf der historischen Tatsache der Christuserscheinung in dem Menschen Jesus von Nazareth. In einer Schrift aus der Anfangszeit hat Steiner sodann „Das Christentum als mystische Tatsache" (1902) herausgestellt und mit den → Mysterien des Altertums in Zusammenhang gebracht. Wie man in seinen daran anschließenden Vortragszyklen zu den Evangelien und zur neutestamentlichen Verkündigung beobachten kann, wurde ihm der „Christusimpuls" in Verbindung mit dem „Mysterium von Golgatha" immer wichtiger. Er verstand darunter die irdisch-kosmische Tatsache des Christentums, m.a.W.: Indem sich der Christus mit dem historischen Jesus verband, indem er sein Leben opferte, empfing der Organismus Erde einen spirituellen Kraftimpuls: „Er ist seit dieser Zeit der Herr der Himmelskräfte auf Erden ..."
Von daher ergibt sich für Steiner die Einsicht, die sich in praktische Ethik umsetzte, d.h. man kann als Wissenschaftler, als kulturell Tätiger nicht länger so handeln, als habe sich die historische, die mystische, schließlich die kosmisch-irdische Christustatsache gar nicht ereignet. Von daher ergibt sich zweifellos die eminente Herausforderung der A. für das kirchliche Christentum. Denn aus eben dieser christlichen Esoterik heraus, die die geistige Kontinuität zum Mysterium des → Grals und zum → Rosenkreuzertum bejaht, hat Steiner das esoterisch Erarbeitete exoterisch fruchtbar gemacht. Das geschah mit unterschiedlichem, z.T. aber mit beträchtlichem Erfolg, auf den Feldern der Pädagogik und Heilerziehung (Waldorfschulen), der Medizin und Heilmittelherstellung, der biologisch-dynamischen Landwirtschaft, auf zahlreichen künstlerischen und gesellschaftlichen Betätigungsfeldern, schließlich auch im Sinne einer „Bewegung für religiöse Erneuerung" (Christengemeinschaft). Hier handelt es sich um eine eigenständige Kirche mit einem ausgebildeten, die sieben traditionellen Sakramente umfassenden Kultus. Das Bekenntnisgebet (Credo) und alle kultischen Texte empfingen die Priester der 1922 begründeten Christengemeinschaft von Rudolf Steiner.

Träger der A. ist die nahezu weltweit verbreitete Anthroposophische Gesellschaft mit Sitz in Dornach bei Basel, die die geistige und künstlerische Hinterlassenschaft Steiners verwaltet und der Allgemeinheit zugänglich macht. Faktisch ist darüber hinaus eine anthroposophische Bewegung entstanden, die die Esoterik wie die Kulturimpulse der A. auf vielfältige Weise zur Geltung bringt.

Lit.: Das literarische, künstlerische und Vortragswerk Steiners betreut der Rudolf Steiner Verlag Dornach/Schweiz, vgl. hierzu die Bibliographische Übersicht. Dornach 1984. – Ferner: J. Hemleben, R. Steiner in Selbstzeugnissen und Bilddokumenten. Reinbek 1963; W. Kugler, R. Steiner und die Anthroposophie. Köln 1978; G. Wehr, Der innere Weg. Anthroposophische Erkenntnis und meditative Praxis. Reinbek 1983; ders., Rudolf Steiner. Leben, Erkenntnis, Kulturimpuls. München 1987.

Arcanum, Arcana (lat. „Geheimnis"), das vor den Profanen zu Hütende (→Arkandisziplin). In den verschiedenen Bereichen der →Esoterik kann die Bedeutung von A. differieren. So findet der Begriff bei Paracelsus Anwendung. Unter einem A. ist hier eine eigens zubereitete, („geheime") Arznei zu verstehen. Im →Tarot unterscheidet man die „Großen" und die „Kleinen A." „Die Großen A. des Tarot sind echte Symbole. Sie verbergen und enthüllen gleichzeitig ihren Sinn, je nach der Tiefe der Sammlung des Meditierenden ... Ein A. ist ein ‚Ferment' oder ein ‚Enzym', dessen Anwesenheit das geistige und seelische Leben des Menschen anregt. Und →Symbole sind die Träger dieser Fermente oder Enzyme, die sie vermitteln, wenn der Empfangende geistig und moralisch dazu fähig ist, d.h. wenn er sich als ‚Bettler-um Geist' fühlt und nicht an der ernstesten geistigen Krankheit leidet: der Selbstzufriedenheit" (V. Tomberg).

Lit.: Der Anonymus d'outre-Tombe (d.i. V. Tomberg), Die Großen Arcana des Tarot I/IV. Basel 1983.

Archetypen, der Archetypus, Leitbegriff in der Tiefenpsychologie C. G. Jungs (→Analytische Psychologie), der u.a. bereits im Corpus Hermeticum (→Hermetik) vorkommt. Der A. bezeichnet nicht allein ein „Urbild", sondern stellt vor allem eine energiegeladene, dynamisch-prozeßhafte Potenz dar, die in vielfältiger Weise zur Erscheinung drängt. Letztlich beruhen alle Lebensäußerungen, insofern sie allgemein-menschlicher und typischer Natur sind, auf einer archetypischen Grundlage. In Mythen, Märchen und Symbolen, in spirituellen Lehren und religiösen Dogmen kommt der allgemeingültige, als „Urbild" unanschaulich bleibende A. als „archetypisches Bild" in Erscheinung. So kann sich die Menschheitserfahrung in immer neuen Formen manifestieren und artikulieren. Einem archetypischen „Muster" liegen insbesondere esoterische Elemente und Tatbestände zugrunde, etwa die des Wegs, der großen →Erfahrung, der →Selbst-Werdung u. ä. „Die Summe der A. bedeutet also für Jung die Summe aller latenten Möglichkeiten der menschlichen Psyche: ein ungeheures, unerschöpfliches Material an uraltem Wissen um die tiefsten Zusammenhänge zwischen Gott, Mensch und Kosmos. Dieses Material in der eigenen Psyche zu erschließen, es zu neuem Leben zu erwecken und dem →Bewußtsein zu integrieren, heißt darum nichts weniger, als die Einsamkeit des Individuums aufzuheben und es einzugliedern in den Ablauf ewigen Geschehens... Der A. als Urquelle der gesamtmenschlichen Erfahrung liegt im →Unbewußten, von wo aus er machtvoll in unser Leben eingreift. Seine Projektionen aufzulösen, seine Inhalte ins Bewußtsein zu heben, wird zur Aufgabe und Pflicht... Nicht umsonst haben die archetypischen Bilder und Erlebnisse seit jeher zum Inhalt und zum wertvollsten Gut sämtlicher Religionen unserer Erde gehört" (J. Jacobi). So steht der universelle, zur Manifestation drängende Charakter der A. außer Frage.

Lit.: C. G. Jung, Über die Archetypen des kollektiven Unbewußten, in: Von den Wurzeln des Bewußtseins. Zürich 1954; J. Jacobi, Die Psychologie von C. G. Jung. Zürich 1959; G. Wehr, Carl Gustav Jung. Leben, Werk, Wirkung. München 1985.

Arkandisziplin (→Arcanum) betrifft Maßnahmen der Geheimhaltung spiritueller Zusammenhänge. Das →Mysterium ist gegenüber Uneingeweihten, Unwürdigen, insbesondere vor Unvorbereiteten zu schützen. Das geschah und geschieht z. B. dadurch, daß esoterisch arbeitende Gemeinschaften nur

Mitglieder zulassen, die bestimmte Stufen der →Einweihung durchlaufen und die für das Miterleben erforderlichen Voraussetzungen erlangt haben. Im frühen esoterischen →Christentum durften nur Getaufte der Abendmahls- bzw. Meßfeier beiwohnen. Gnostische Mysterienvereine, die →Freimaurerei u.ä. benutz(t)en geheime Paßworte. Auch die symbolische Redeweise beim Vollzug der Riten bzw. bei der Weitergabe des internen Lehrgutes diente dazu, das zu schützende Geheimnis vor Unverständigen zu verbergen. Der tiefere Grund ist freilich der, daß sich das Eigentliche nicht aussagen läßt. In der Antike bestrafte man streng, wer die Mysterien „austanzte", d.h. wer die rituellen Handlungen, Gesten usw. profanisierte, indem er sie nachahmte oder gar lächerlich machte. Auch wenn es erfahrungsgemäß nur selten gelingt, die A. durchzusetzen, so gilt allgemein: Echte Geheimnisse, die an ein bestimmtes Erlebnis gebunden sind oder an eine zu erringende Erkenntnis, schützen sich selbst. Sie werden nicht allein schon dadurch profanisiert, daß man sich Zugang zu den Wortlauten verschafft, – sei es ein philosophischer Text, eine komplizierte technische Zeichnung oder ein Ritualtext. Entscheidend ist, daß man die dafür nötige Ausbildung durchläuft, oder – in der Esoterik – den jeweils angemessenen →inneren Weg geht.

Lit.: Artikel A. in: Theologische Realenzyklopädie Bd. 4.

Astrologie. Zusammen mit der →Alchemie gehört die A. zu den speziellen „Wissenschaften" der →Hermetik. Ähnlich wie sie bedient sie sich eines mythisch-symbolischen Denkens, um in tiefere Schichten bzw. Dimensionen der Wirklichkeit einzudringen, die dem quantifizierenden, kausal-naturwissenschaftlichen Denken verschlossen bleiben. Das Geschehen am gestirnten Himmel läßt sich als eine im Goetheschen Sinne „offenbar-geheime" Schrift ansehen, deren Bedeutung entziffert werden kann. Zugrunde liegt vielfach die Vorstellung von der Existenz überirdischer Wesenheiten und geistig-kosmischer Faktoren, die in der Vorzeit als astrale Götter kultisch verehrt wurden, weil sie angeblich mit den Himmelserschei-

nungen auch die Geschicke der Einzelmenschen und ganzer Völker bestimmen.
Zu den ältesten Zeugnissen der frühen A. gehören solche, die bereits ein hohes Maß an astronomischen Kenntnissen verraten, insofern sie Methoden darstellen, mit denen Zeitbestimmungen möglich wurden. Die pythagoreische Philosophenschule erblickte in den Himmelskörpern Organismen, die in einem lebendigen Austausch miteinander stehen und die daher für den Menschen nicht gleichgültig sein können. So bemerkt später der hellenistisch-jüdische Philosoph Philo von Alexandrien, ein Zeitgenosse Jesu: „Es gibt eine physikalische Sympathie, die die irdischen Dinge abhängig macht von den himmlischen." Im Abendland wirkten sich insbesondere die jüdisch-christlichen sowie die arabisch-moslemischen Anschauungen vom Kosmos und seinen spezifischen Kräften aus. Das Wissen der Astrologen beeinflußte das politische wie das kulturelle Leben bis in die Neuzeit hinein. In dem Maße aber, in dem die zugrundeliegende spirituelle Sicht einer rationalen und naturwissenschaftlich-quantitativen Wirklichkeitsbestimmung und Weltveränderung weichen mußte, geriet die A. in allgemeinen Mißkredit und verkam zu der berüchtigten Jahrmarkts-A., die sich die Suggestibilität und Geneigtheit vieler „moderner" Zeitgenossen abergläubischen Praktiken gegenüber in marktschreierischer Weise zunutze macht.
Von ihr distanziert sich die seriöse A., die es ablehnt, von direkter Beeinflussung durch Gestirne zu sprechen, sondern die auf die Beziehungsfelder hinweist, die zwischen Mikrokosmos und Makrokosmos, d. h. zwischen dem Menschen und den Planetenkonstellationen, bestehen. Diese sucht man im Horoskop zu erfassen und mit Hilfe von Erfahrungswerten zu deuten. Je nach den astrologischen Schulen differieren die Deutungsansätze. Zu den Elementen der Horoskopie (wörtlich: „Stundenschau") benötigt der Astrologe das Geburtsdatum, die möglichst genaue Zeit und den genauen Ort der Geburt. Diverses Tabellenmaterial ist hierzu erforderlich: Die Ephemeriden; sie drücken den täglichen Gestirnsstand nach Graden der gemeinsamen Umlaufebene (Ekliptik) aus. Zur Ortsbestimmung die-

nen Städtetabellen, mit den nach Breiten- und Längengrad errechneten geographischen Positionen. Schließlich sind den Häusertabellen die Beziehungen zu entnehmen, die sich aus der geographischen Lage zum Himmelsglobus ergeben. In der Horizontalen liegen Aszendent und Deszendent, in der Vertikalen Medium coeli und Imum coeli. Zu den in den astrologischen Elementarbüchern erläuterten Schritten der Horoskopberechnung bemerkt Th. Ring: „Auf solche Weise wird gleichsam die Himmelsmechanik im ... Raum-Zeit-Punkte angehalten. Die A. behauptet, daß diesem astronomischen Tatbestand eine Bedeutung für den Menschen zukommt, und sucht es mit Hilfe ihrer Deutungsmethoden zu belegen."
Unter den verschiedenen Weisen, A. ernst zu nehmen, nimmt die der archetypischen Psychologie C. G. Jungs eine besondere Stellung ein. Jung wies darauf hin, daß es viele Fälle frappanter Analogien zwischen der astrologischen Konstellation und dem psychischen Erlebnis bzw. zwischen dem Horoskop und der charakterlichen Disposition gebe: „Man kann mit einem ziemlich hohen Grad von Wahrscheinlichkeit erwarten, daß eine gut umschriebene psychologische Situation von einer analogen astrologischen Konstellation begleitet ist" (C. G. Jung). Als Erklärung diente ihm die Feststellung, die er im Dialog mit dem Physiker Wolfgang Pauli traf, wonach es neben dem bekannten Prinzip der Kausalität das der „Synchronizität" gebe, das aus der relativen Gleichzeitigkeit zweier Ereignisse resultiert, die zum einen in der materiellen Welt, zum anderen in der menschlichen Psyche vorhanden sind. Beide seien zwar nicht kausal miteinander verbunden, doch weisen sie auf einen bewußtseinstranszendenten (unbewußten) Aspekt der Ganzheit hin. Demnach gehe es nicht an, in der A. lediglich Projektionen zu sehen, die der Mensch an den „Himmel" seiner Vorstellungen wirft, um sie von dort wieder als eine Deutung seines Schicksals zu beziehen. Vereinfacht ausgedrückt kann man aber sagen: Die auf astrologischem Weg erfahrbaren Zusammenhänge zwischen seelischer Gegebenheit und kosmischer Konstellation sind nach Jung mittels des Prinzips der Synchronizität zu verstehen. Eine aus seiner

Sicht gleichsam abschließende Äußerung Jungs zum umstrittenen Thema lautet: „Jedenfalls ist die Stellung der A. unter den intuitiven Methoden einzigartig und von besonderer Art. Daher hat man das Recht, sowohl an einer Kausaltheorie einerseits, als auch andererseits an der ausschließlichen Gültigkeit der synchronistischen Hypothese zu zweifeln." Daraus spricht das Bemühen, den unvermeidlichen Fehlerquellen einer einseitigen Interpretation und Bewertung der A. zu entgehen.

Abgesehen von der astronomischen Kritik an der A. haben sich auch Judentum und christliche Kirche von je her ablehnend verhalten. So sah z. B. Paulus darauf, daß der durch Christus befreite Mensch nicht von neuem unter das „knechtische Joch" sogenannter Gestirnsmächte (stoicheía toú kósmou) geraten dürfe. Damit ist das Freiheitsproblem angesprochen, weshalb schon Thomas von Aquin behauptete: Die Sterne zwingen nicht; sie machen nur „geneigt". Oder mit den Worten des Benediktiners G. Voss: „Abergläubisch, fatalistisch sowie als Heilslehre gehandhabte A. ist mit christlichem Glauben unvereinbar. Christlich verantwortbar ist A. nur, wenn sie die Herrschaft Gottes sowie die universale Bedeutung des Kreuzes Christi wahrt. Indem sie die kosmischen Bedingtheiten und den Weg-Charakter menschlicher Freiheit zu beachten sucht, verweist sie auch auf die anthropologische Bedeutung der kosmischen Zusammenhänge biblischer Urbilder und liturgischer Riten."

Lit.: S. Strauß-Kloebe, Kosmische Bedingtheit der Psyche. Weilheim 1968; A. Schult, Astrosophie als kosmische Signaturenlehre des Menschenbildes. Bietigheim 1971; G. Voss, Astrologie – christlich. Regensburg 1980; U. Becker, Lexikon der Astrologie. Freiburg 1981; A. Rosenberg, Zeichen am Himmel. Das Weltbild der Astrologie (1949). München 1984.

Aurora oder Morgenröte im Aufgang (1612), die Erstlingsschrift Jakob Böhmes (1575–1624). Das Buch ist der Niederschlag seiner großen im Jahr 1600 erlangten geistigen Schau, durch die der in Görlitz/Neiße arbeitende Schuhmacher als nachreformatorischer Mystiker und als Hauptvertreter der christlichen → Theosophie bekannt wurde. Böhme erweist sich in diesem Buch als ein anschauender Denker, für den der ganze Kosmos, die Natur in ihrer Totalität transparent wird für die Anwesenheit Gottes. Diese Wesenheit tritt aus ihrer Verborgenheit heraus und enthüllt sich so, daß Gottes Gegenwart und Nähe in allen Dingen als ein lebendiges „Quallen" oder Quellen-Qualität bestimmend – erfahrbar wird. Besondere Aufmerksamkeit lenkt der Autor auf die Gegensatzstruktur (Gut und Böse, Licht und Finsternis), die allen natürlichen Gestalten innewohnt. Seine Schilderungen zeigen im 19. Kapitel, wie sehr er von der Dialektik des Gegensätzlichen selbst ergriffen war und was für ein Durchbruchserlebnis ihn schließlich zum Seher werden ließ. In der Natur schaut er etwas von der Dynamik, die ihn selbst durchpulst. Bis in die Diktion hinein wird das deutlich. Novalis war nicht der einzige, der vom Schrifttum des schlichten schlesischen Theosophen zutiefst angerührt war, als er sagte: „Man sieht durchaus in ihm den gewaltigen Frühling mit seinen quellenden, treibenden, bildenden und mischenden Kräften, die von innen heraus die Welt gebären ... einen wahren, auseinandergehenden Mikrokosmos." Der Titel A. verweist sodann auf die von ihm erhoffte Zeitenwende, auf den Anbruch einer weltweiten Reformation, die – wenige Jahre vor dem Aufflammen des Dreißigjährigen Kriegs – nicht allein auf das religiöse Leben (etwa im Sinne Martin Luthers) beschränkt bleiben dürfe. So gesehen ist der Autor der A. von ähnlichen Sehnsüchten erfüllt wie der nur wenige Jahre jüngere Autor der → Rosenkreuzer-Schriften, die mancherlei geistige Verwandtschaft erkennen lassen. Böhmes A. wirkte wie jene als ein weithin sichtbares geistiges Fanal und ist in ihrer geistesgeschichtlichen Bedeutung im europäischen Horizont, in Philosophie, Dichtung und Religion kaum zu überschätzen, auch wenn das Schrifttum Jakob Böhmes erst noch einer Neuerschließung bedarf.

Lit.: J. Böhme, Aurora oder Morgenröte im Aufgang, in: Sämtliche Schriften (Ausgabe von 1730), Bd. 1. Stuttgart 1955; ders., Aurora oder Morgenröte im Aufgang, hrsg. und erläutert von G. Wehr. Freiburg 1977; ders., Die Morgenröte bricht an. Zeugnisse der Naturfrömmigkeit und der Christuserkenntnis. Ausgewählt und eingeleitet von G. Wehr. Freiburg 1983; G. Wehr, Jakob Böhme in Selbstzeugnissen und Bilddokumenten. Reinbek 1971 ff.

B

Beginen. An der Wende vom 12. zum 13. Jahrhundert entwikkelte sich in Nordfrankreich, in den Niederlanden, im Rheingebiet sowie in Teilen Süddeutschlands eine geistliche Lebensform für →Frauen, die außerhalb der traditionellen Klöster und ohne deren Gelübde, jedoch in Anlehnung an diese praktiziert wurde. B. hatten vielfach Teil an der Frömmigkeitsströmung der →Mystik, wie das Beispiel der aus Antwerpen stammenden Schwester Hadewijch (gest. um 1260), Mechthilds von Magdeburg (gest. 1283) oder Margarete Poretes (gest. 1310) zeigt. Nicht selten waren sie, wie die Letztgenannte, der →Ketzerei verdächtig und wurden verfolgt.

Lit.: H. Grundmann, Religiöse Bewegungen im Mittelalter. Darmstadt 1961; P. Dinzelbacher / D. R. Bauer, Frauenmystik im Mittelalter. Ostfildern 1985; G. Wehr, Die deutsche Mystik. München 1988.

Bewußtsein, als zentraler Begriff der Psychologie auch in esoterischen Zusammenhängen von großer Bedeutung. Gemeint ist insbesondere die Weise, in der der Mensch seiner selbst (Innenwelt) und seiner Umwelt gewahr ist, sodann wie er von diesem B. geleitet wird, lebt und handelt. Psychologisch gesehen lassen sich eine Reihe von B.-Zuständen unterscheiden. Geht man vom „normalen" Tages-B. aus, dann liegen die Zustände des Schlafens oder des Träumens hinsichtlich der B.-Helligkeit unterhalb dieses Zustandes im →Unbewußten. Dieser läßt sich erfahrungsgemäß nicht nur dämpfen, etwa infolge von Ermüdung oder sonstiger Betäubung (Narkotisierung, Alkoholisierung, Hypnose), sondern auch steigern bzw. in qualitativer Weise „erweitern". Sieht man einmal von sogenannten bewußtseinserweiternden Drogen ab, dann ist hier insbesondere an geistige Schulungswege (→innerer Weg) zu denken. Das Ziel ist die →Erleuchtung, in der →Mystik der Zustand der „unio mystica".

Historisch betrachtet gibt es verschiedene Stadien der menschheitlichen B.-Geschichte. Beiträge hierzu lieferten u. a. R. Steiner aus der Sicht der →Anthroposophie, C. G. Jung und E. Neumann auf der Basis der archetypischen Psychologie und J. Gebser als Kulturphilosoph. Gebser geht von einem „archaischen B." aus, das der denkbar frühesten Stufe entspricht. Es folgen das „magische", dann das „mythische B.", in denen die spätere Wachheit und Ich-Reife vorbereitet wird, wie sie – seit Beginn der Neuzeit (um 1500) – allgemein in Erscheinung getreten ist. Das seitdem herrschende „mentale B." hat die rationale Erfassung und die technische Weltbewältigung ermöglicht. Gleichzeitig gingen aber die einstigen Fähigkeiten, etwa geistiger Schau und Hellsicht, weitgehend verloren. Nach Gebser verändert sich heute das mentale B. Es mehren sich die Anzeichen für die Heraufkunft einer „aperspektivischen" (d. h. die Perspektive erweiternden) und einer „integralen" Welterfassung. Das geschehe aber nicht etwa im Sinne einer bloßen Addition der einzelnen B-Möglichkeiten, sondern so, daß die neue Dimension im Sinne einer Transparenzerfahrung gewahrt werden könne. Gebser spricht von „Diaphanität" (griech. „diaphainein", durchscheinen). Die „Transparenz für Transzendenz" (K. Graf Dürckheim) werde nach und nach bei immer mehr Menschen zur →Erfahrung. Insofern könne von einem neuen B. und von einer Zeit der B.Wende (→New Age) gesprochen werden. Es liegt im Wesen esoterischer Bemühung, einerseits einen angemessenen →inneren Weg zu gehen, andererseits eine der heutigen B.-Situation gemäße Ethik universeller Weltverantwortung (ökologisches bzw. planetarisches B.) zu praktizieren. Ihr entspricht eine Radikalisierung der urchristlichen Forderung nach Sinneswandlung (metánoia) und Umkehr (Mk 1,15).

Lit.: E. Neumann, Ursprungsgeschichte des Bewußtseins. Zürich 1949; H. E. Lauer, Geschichte als Stufengang der Menschwerdung I/III. Freiburg 1956ff.; J. Gebser, Ursprung und Gegenwart, in: Gesamtausgabe II/IV. Schaffhausen 1978f.; H. M. Enomiya-Lassalle, Leben im neuen Bewußtsein. München 1986; G. Wehr: C. G. Jung und Rudolf Steiner. Stuttgart 1972; Berlin 1982.

Bibel. Die weltweite Verbreitung, sodann die (zweifellos nötige) Popularisierung und Aktualisierung der B. ließ vergessen, daß es sich um ein vom Ursprung her esoterisches Buch handelt, dessen spiritueller Reichtum unerschöpflich ist. Mit dem Wandel des menschlichen →Bewußtseins veränderte sich auch die Weise des Umgangs mit der B. Vor der Erfindung des Buchdrucks und vor Luthers B.-Verdeutschung samt ihren weitreichenden Wirkungen blieb das Buch weitgehend dem gottesdienstlichen Gebrauch vorbehalten. Es hatte seinen legitimen Ort am Altar. Es war noch nicht „privatisiert". Daneben wußte man den „mehrfachen Schriftsinn" bei der B.-Lektüre anzuwenden, d. h. man unterschied (vereinfacht ausgedrückt) den historischen, an der Buchstäblichkeit haften bleibenden Sinn eines B.-Wortes von dem pneumatischen (geistlichen) bzw. spirituellen Sinn, der ein tieferes, meditatives Eindringen in die Mitte eines Textes erlaubt. Die historisch-kritische Forschung machte wohl mit der äußeren Struktur der B. bekannt; sie leistete ihrer Exoterisierung in der Theologie und Verkündigung Vorschub. Was die „Schrift" jedoch zur „viva vox Evangelii", zur lebendigen Stimme des Evangeliums macht, das verlangt eine adäquate Einstellung dessen, der die Schrift liest und der auf das Wort hört: „Gut ist es daher, etwas nicht zu verstehen nach dem äußeren Buchstaben, der vergeht, damit der geistige Sinn (intellectus spiritualis), der lebt und lebendig macht, aufgerichtet werde" (Joachim von Fiore). Was der →Inspiration entstammt, das setzt die ihr gemäße Aufnahmebereitschaft voraus. So wie M. Buber vom „bibelstiftenden Bewußtsein" der B. sprach, um die Ganzheit der göttlichen Anrede im Alten Testament zur Geltung zu bringen, so machte R. Steiner und die ihm folgende Evangelienauslegung (→Johannesevangelium) auf Struktur- und Kompositionsgeheimnisse aufmerksam.

Lit.: H. de Lubac, Geist aus der Geschichte. Einsiedeln 1968; E. Bock, Das Evangelium. Stuttgart 1984.

Brüder und Schwestern vom freien Geiste tauchen im 13. und 14. Jahrhundert u.a. im Rheingebiet, in Mittel- und Süddeutschland (Ries) auf. Unter der Berufung, am göttlichen Geist teilzuhaben, deshalb äußerer kirchlicher Autoritäten und deren moralischer Leitlinien nicht mehr zu bedürfen, suchen sie die Enge der herkömmlichen Normen zu überwinden. Ihnen treten namhafte Theologen, unter ihnen Albertus Magnus, nicht zuletzt deshalb entgegen, weil sie in ihren esoterischen Lehren (in secreto docere) für die „Freiheit des Geistes" zu werben suchen, und zwar in der Volkssprache. Vertreter der deutschen →Mystik gerieten immer wieder in den Verdacht, den Freigeistern nahe zu stehen. Daher die Abgrenzung durch Mystiker (J. van Ruusbroec) und in deren Schriften („Theologia Deutsch").

Lit.: M. Lambert, Ketzerei im Mittelalter. München 1981; H. Grundmann, Ketzergeschichte des Mittelalters. Göttingen 1963; G. Wehr, Esoterisches Christentum. Stuttgart 1975.

Brüder vom gemeinsamen Leben, eine Laienbruderschaft, die sich, ausgehend von Deventer und Zwolle, im 15. Jahrhundert auf der Basis der →Devotio moderna entwickelte, um Christusnachfolge (Imitatio Christi) aus dem Geist der →Mystik zu praktizieren.

Lit.: Vgl. →Devotio moderna.

C

Chakra(s) (sanskrit „Rad“), bezeichnet Zentren einer feinstofflichen Energie (Kundalini bzw. Prana) im Astralleib des Menschen. Nach der Lehre verschiedener esoterischer Schulsysteme des Ostens handelt es sich um sieben Stufen des Bewußtseins. Dem Hellsichtigen erscheinen sie als radähnliche, verschieden„farbig“ strahlende Energiewirbel, auch „Lotusblumen“ genannt, von denen sechs im Bereich des physischen Körpers entlang der Wirbelsäule, das oberste C. (Sahasrara) über dem Scheitelpunkt des Kopfes lokalisiert werden. Das unterste (Muladhara) oder Basis-C. liegt an der Wurzel im Bereich des Kreuzbeines. Hier wird die „Schlangenkraft“ (Kundalini) in ruhender Form verharrend vorgestellt, solange sie unerweckt ist. Es gilt, auf einem →inneren Weg und unter Anwendung bestimmter meditativer Übungen die Kundalini-Schlange zu erwecken und zum Emporsteigen anzuregen, was mit bestimmten Erfahrungen (auch Gefahren!) verbunden ist. Die Tiefenpsychologie kennt sie in der Gestalt der „Inflation“, bei der das (normale) Bewußtsein durch Inhalte des Unbewußten geradezu überschwemmt wird. Daher verlangt die Entwicklung der C., die auch auf dem Erkenntnisweg der →Anthroposophie (vgl. R. Steiner, Wie erlangt man Erkenntnisse der höheren Welten?) eine wichtige Rolle spielt, einen verantwortlichen Umgang mit der Kundalini-Kraft, gegebenenfalls das Geleit eines Erfahrenen. Von daher gesehen ist große Sorgfalt auf das Beschreiten eines jeden spirituellen Wegs zu legen. Dazu gehört die goldene Regel jeglicher okkulter Entwicklung: „Wenn du einen Schritt vorwärts zu machen versuchst in der Erkenntnis geheimer Wahrheiten, so mache zugleich *drei* vorwärts in der Vervollkommnung deines Charakters zum Guten“ (R. Steiner).

Lit.: A. Avalon, Die Schlangenkraft. Weilheim 1961; W. Bohm, Chakras. Weilheim [2]1966; Gopi Krishna, Kundalini. Weilheim 1968; H. U. Rieker, Die 12 Tempel des Geistes. Zürich 1955; D. V. Tansley, Energiekörper. München 1985; C. F. von Weizsäcker / G. Krishna, Biologische Basis religiöser Erfahrung. Weilheim 1978.

Chassidismus (hebr. „chassid“, der Fromme), spirituell-mystische Erneuerungsbewegung im einstigen Ostjudentum, nicht zu verwechseln mit dem deutschen C. im Mittelalter. Der östliche C. geht auf Israel ben Elieser (1700–1760), auch Baal-Schem-Tow (Meister des guten Namens) zurück. Dieser, trotz Zerschlagung des Ostjudentums noch lebendige, insbesondere durch das reiche Traditionsgut der chassidischen Erzählungen (M. Buber) weltbekannte C. läßt sich als einen Versuch verstehen, die an sich esoterische → Kabbala zu popularisieren und im alltäglichen Leben fruchtbar zu machen. M. Buber, der die „chassidische Botschaft“ auf seine eigentümliche Weise der westlichen Welt vermittelt hat – nicht ohne Widerspruch von Seiten der textkritisch arbeitenden Forschung! – spricht von einer „Ethos gewordenen Kabbala“. An die Stelle einer orthodoxen Gesetzlichkeit ist der Wille und die Begeisterungskraft getreten, in allen Dingen Gott zu ergreifen und vor allem freudig, lebensbejahend den Alltag als den Ort der Gottesoffenbarung zu erleben. „Die Originalität des C. kam dadurch zustande, daß Mystiker, die den mystischen Weg in sich verwirklicht hatten, ... vor einfache Leute traten und, anstatt den persönlichsten aller Wege nur für sich selbst zu gehen, ihn alle Menschen guten Willens zu lehren unternahmen“ (G. Scholem). Von daher gesehen ist der C. eine der großen Glaubensbewegungen der Menschheit, auch wenn dessen Feuer nicht beliebig konservierbar, auch wenn dessen Botschaft unterschiedlicher Deutung zugänglich war und ist.

Lit.: M. Buber, Die Erzählungen der Chassidim. Zürich 1949; ders., Schriften zum Chassidismus (Werke III). München/Heidelberg 1963; S. Dubnow, Geschichte des Chassidismus (1931). Königstein 1982; G. Scholem, Die jüdische Mystik in ihren Hauptströmungen. Frankfurt 1957; G. Wehr, Der Chassidismus – Mysterium und spirituelle Lebenspraxis. Freiburg 1978.

Christengemeinschaft, nach ihrem eigenen Verständnis eine „Bewegung für religiöse Erneuerung“. Sie wurde im September 1922 in Dornach bei Basel unter maßgeblicher Mitwirkung von Rudolf Steiner begründet. Ihr erster Leiter war der evangelische Theologe Friedrich Rittelmeyer (1872–1938). Die Chr. pflegt ein reiches Kultusleben, in dessen Mittelpunkt die an die alte Tradition anknüpfende, jedoch dem heutigen Bewußtsein entsprechende Meßfeier („Menschenweihehandlung“) steht. Das auch der → Frau zugängliche Priestertum ist an keine bestimmte Dogmatik gebunden, sieht man einmal davon ab, daß die Christus-Anschauung Steiners, wie sie in der → Anthroposophie vorliegt, die erforderlichen Leitlinien bietet. Von daher erfährt die esoterische Dimension des Christentums eine hohe Einschätzung. Die → Bibel wird spirituell interpretiert. Auch hier kommen Einsichten R. Steiners zur Geltung, z. B. indem man auf Kompositionsgeheimnisse der Heiligen Schrift achtet und berücksichtigt, aus welcher Bewußtseinslage heraus die biblischen Schilderungen zu verstehen sind (→ Imagination, → Inspiration, → Intuition). Im selben Zusammenhang steht die → Meditation. In der gleichnamigen Einführung hat F. Rittelmeyer anhand des → Johannesevangeliums Möglichkeiten einer imaginierenden Vergegenwärtigung aufgezeigt. Das geistig und religiös gehaltvolle Schrifttum der Chr. wirkt seit ihrem Bestehen weit über den Kreis der eigentlichen Mitgliedschaft hinaus. Die kirchliche Apologetik behandelt die Chr. als „Sekte“, ohne ihr jedoch (in den seriösen Darstellungen) den gebührenden Respekt zu versagen.

Lit.: E. Bock, Das Evangelium. Stuttgart 1984; ders., Was will die Christengemeinschaft? Stuttgart 1960; F. Rittelmeyer, Meditation (1928). Stuttgart 1948 ff.; K. von Wistinghausen, Der neue Gottesdienst. Stuttgart 1960; ders., Das neue Bekenntnis. Stuttgart 1963. – Kritisch: K. Hutten, Seher, Grübler, Enthusiasten. Stuttgart [12]1982; ferner: G. Wehr, Friedrich Rittelmeyer. Religiöse Erneuerung als geistiger Brückenschlag zwischen den Zeiten. Wies 1985.

Christliche Kabbala. Die jüdisch-christliche → Mystik (→ Kabbala) stellt nicht nur einen wesentlichen Bestandteil der westlichen → Esoterik dar. Sie bildete vor allem zur Zeit der

Renaissance und des Barock einen wichtigen Anknüpfungspunkt für das Gespräch zwischen Judentum und Christentum. Die Vertreter der c. K. meinten in der Esoterik der Juden Mysterien des christlichen Glaubens ausgesprochen zu sehen. Man dachte, das esoterische Judentum sei mit der Christusbotschaft im Kern identisch. Das geschah verständlicherweise in Widerspruch zur orthodoxen Auffassung in beiden Religionen. Zu den wichtigsten Vertretern gehören Pico de la Mirandola, der sich in seinen berühmten 900 Thesen (1486) mit der Kabbala beschäftigte, J. Reuchlin entwarf in „De Verbo Mirifico" (1494, Wundertätiges Wort) und „De arte Cabbalistica" (1517) sein Bild einer c. K. Agrippa von Nettesheim beschäftigte sich als Christ mit den →Sefiroth („De occulta philosophia"). Der schwäbische Theosoph F. Chr. Oetinger (1702–1782) und Christian Knorr von Rosenroth (1636–1689) zählen zu den Häuptern dieser Bewegung, letzterer als Übersetzer und Kommentator des →Sohar („Cabbala denudata"). Eine Vorstellung von der Zusammenschau christlicher und kabbalistischer Symbolik kann man sich anhand der berühmten „Lehrtafel der Prinzessin Antonia" in der Kirche von Bad Teinach/Schwarzwald machen.

Lit.: E. Benz, Die christliche Kabbala. Zürich 1958; E. Harnischfeger, Mystik im Barock. Das Weltbild der Teinacher Lehrtafel. Stuttgart 1980 (vgl. Lit. →Kabbala).

Christosophia (lat. „Christus-Weisheit"), eine aus kleinen meditativ gehaltenen Texten bestehende Sammlung von Schriften Jakob Böhmes, der durch die Handschrift seines ersten Werkes →„Aurora oder Morgenröte im Aufgang" (1612) bekannt und berühmt geworden ist. Die Chr. ist das einzige Buch, das zu Lebzeiten des fruchtbaren mystisch-theosophischen Autors 1624 in Görlitz im Druck erschienen ist. Ursprünglich war es „Weg zu Christo" betitelt und umfaßte die Büchlein „Von wahrer Buße", „Von wahrer Gelassenheit" und „Vom übersinnlichen Leben". Neben „Aurora" gehört Chr. bis heute zu den am meisten verbreiteten Büchern Böhmes. Es geht ihm darum, seinen Lesern einen →inneren Weg zu zeigen. Er besteht einerseits in der → Meditation des Lebens Jesu als eines spirituellen Prozesses; er reicht von seiner Menschwerdung, seiner Passion bis zu Christi Auferstehung und Himmelfahrt. Andererseits ist sich Böhme bewußt, daß sich von daher die Konsequenzen einer ernsten Christus-Nachfolge ergeben. Meditation und die Praxis der Nachfolge finden ihren mystischen Ausdruck in der Vermählung mit der göttlichen → Sophia. Die → Heilige Hochzeit mit ihr hat für Böhme auch Folgen für die Vollendung des Menschen. Er geht von der männlich-weiblichen Ganzheit (→ Androgynität) des ursprünglichen Menschen aus. Nachdem die Ganzheit Adams durch den (Sünden-) Fall zerbrochen ist, indem er der Sophia verlustig ging, besteht die Aufgabe der Reintegration dieses entschwundenen (weiblich vorgestellten) Wesensanteils. Die im Buchtitel apostrophierte Chr. beschränkt sich somit nicht nur auf ein christologisches oder menschenkundliches Wissen, sondern sie zielt auf den Prozeß des Heilwerdens in der Christusnachfolge. Aus diesem Grund läßt sich das Buch als ein christlicher Einweihungsweg kennzeichnen.

Lit.: J. Böhme, Christosophia oder Der Weg zu Christo (1730), in: Sämtliche Schriften, Bd. 4. Stuttgart 1955 ff.; ders., Christosophia, hrsg. und erläutert von G. Wehr. Freiburg 1975 ff.; ders., Die Morgenröte bricht an. Freiburg 1983; ders., Vom übersinnlichen Leben, hrsg. v. G. Wehr. Stuttgart 1986.

Chymische Hochzeit. Analog zur → Heiligen Hochzeit im religiös-mystischen Zusammenhang stellte die C. H. in der → Alchemie die Vereinigung der polaren Gegensätze dar, um eine neue Qualität zu schaffen. Männliches und Weibliches, Sonnenhaftes und Mondhaftes ist – im Zeichen des → Androgyns – zu vermählen. Die zuerst verfaßte, jedoch zuletzt (1616) erschienene Grundschrift der → Rosenkreuzer → „C. H. Christiani Rosenkreutz Anno 1459“ widmet sich diesem Thema. Dabei wird deutlich, daß der Held dieses Mysterienromans selbst einen Prozeß durchläuft, der dieser C. H. entspricht; äußeres Werk und innere Entwicklung greifen ineinander. Dieser geistig-seelische Prozeß des „Mysteriums Coniunctionis“, d. h. der Gegensatz-Vereinigung als Ausdruck der Selbstwerdung des Menschen (→ Selbst), steht im Zentrum des Werks von

C. G. Jung, der nicht nur unter diesem Titel sein Spätwerk publiziert hat, sondern der sich lebenslang mit der zugrundeliegenden Symbolik beschäftigte, wie auch sein Briefwechsel zeigt.

Lit.: „Chymische Hochzeit Christiani Rosenkreutz" in: Die Bruderschaft der Rosenkreuzer. Esoterische Schriften, hrsg. v. G. Wehr. Köln 1984; C. G. Jung, Psychologie und Alchemie, in: Ges. Werke 12; ders., Mysterium Coniunctionis, in: Ges. Werke 14, I/II. Das Erbe des Christian Rosenkreuz, hrsg. von der Bibliotheca Philosophica Hermetica. Amsterdam 1988.

Chymische Hochzeit Christiani Rosenkreutz – Anno 1459, gehört neben „Fama Fraternitatis" (1614) und „Confessio Fraternitatis" (1615) zu den Grundschriften des historischen →Rosenkreuzertums. Die im Jahr 1616 in Straßburg anonym erschienene Schrift geht auf den jungen schwäbischen Theologen und Polyhistor Johann Valentin Andreae (1586–1654) zurück. Während „Fama" und „Confessio" von der Existenz und Zielsetzung eines noch verborgenen Ordens berichten, der zum Zeitpunkt der Veröffentlichung an die Öffentlichkeit zu treten gedenkt, stellt die C. H. das Dokument einer spirituellen Erfahrung dar. Christian Rosenkreuz selbst tritt als das Urbild eines Geistsuchers an der Schwelle zur Neuzeit auf den Plan. In einer Folge von Schilderungen, die auf „sieben Tage" verteilt sind, berichtet der Ich-Erzähler von seinen Erlebnissen auf dem Weg zur geheimnisvollen Hochzeit von König und Königin (→Heilige Hochzeit). Es ist ein von Traumbildern, Allegorien und Symbolen durchsetzter Text, der viele alchemistische Anspielungen enthält. Bei der Herstellung des Steins der Weisen (→Lapis philosophorum) geht es hier weniger um ein „außen" zu vollziehendes Werk als um eine →Transformation, die den auf dem →inneren Weg befindlichen Menschen selbst betrifft.

Lit.: Die Bruderschaft der Rosenkreuzer (enthält die drei rosenkreuzerischen Texte vollständig), hrsg. von G. Wehr. Köln 1984; R. Steiner, Die Chymische Hochzeit des Christian Rosenkreuz, in R. Steiner, Philosophie und Anthroposophie. Gesammelte Aufsätze 1904–1918. Dornach 1965.

Corpus Hermeticum, eine Sammlung griechisch abgefaßter Offenbarungsschriften aus dem weiteren Umkreis der →Gnosis, die auf den Hermes Trismegistos, den ägyptischen Weisheitsgott und Ahnherrn der antiken →Hermetik, zurückgeführt werden. Die unter sich nicht zusammenhängenden 17 bzw. 18 Traktate, an ihrer Spitze der lange Zeit titelgebende „Poimandres", lassen sich nicht exakt datieren, werden aber ins 2. und 3. Jahrhundert zurückgeführt. Viele von ihnen sind astrologischen und magischen Inhalts. Andererseits handelt es sich um Einweihungsschriften. Der nach Gnosis verlangende Schüler stellt Fragen, die von Hermes bzw. von Poimandres, dem „Geist der höchsten Macht", beantwortet werden. So lernt der Fragesteller sich selbst, seine Herkunft und seine Bestimmung kennen. Nun kann er sich entscheiden, den Weg zum Geist zu gehen, in Herzenshingabe dem Gott zu dienen und die vergängliche Welt gering zu achten. Das C. H. gilt als „ein typisches Produkt des griechisch-orientalischen →Synkretismus" (K. Rudolph) der römischen Kaiserzeit. Als solches sei es Niederschlag okkulter Offenbarungsweisheit, die dem Streben nach Gottesschau, →Wiedergeburt und Befreiung bzw. Erlösung der menschlichen Seele dienen will. Der bzw. die Autoren des Schriftwerks waren offensichtlich überzeugt, daß ihnen eine heilbringende Botschaft ähnlich dem Evangelium der Christenheit anvertraut ist, das sie der Menschheit zugänglich machen sollen, damit diese dem künftigen Gericht entgeht und in ihren Urstand, vor dem Fall in die Materie, zurückzukehren vermag. – Das C. H., bzw. Teile davon, wurden erstmals zur Zeit der italienischen Renaissance wiederentdeckt und ins Lateinische übersetzt. Sieht man von einer Übersetzung von D. Tiedemann (1781) ab, so liegt eine Übertragung ins Deutsche nicht vor.

Lit.: C. K. Barrett, Die Umwelt des Neuen Testaments. Ausgewählte Quellen. Tübingen 1959; R. Reitzenstein, Poimandres (1904). Darmstadt 1966; K. Rudolph, Die Gnosis. Wesen und Geschichte einer spätantiken Religion. Leipzig 1977; Göttingen 1978.

D

Devotio moderna, „neue Frömmigkeit“, die auf Geert Groote (Gerhardus magnus) zurückgehende Bewegung tätiger Christus-Nachfolge „mitten in der Welt“, wobei die Schriften der mittelalterlichen Mystik, der →Viktoriner, wie der Eckhartschule und des Jan van Ruusbroec einen prägenden Einfluß ausübten. Es entstand die →Brüderschaft vom gemeinsamen Leben, andererseits die Windesheimer Kongregation der Fraterherren (gegründet 1387) sowie die Gemeinschaft der Schwestern vom gemeinsamen Leben. Große Verbreitung erlangte das in dem Umkreis der D. m. entstandene, unter dem Namen des Thomas von Kempen (Thomas a Kempis) am Niederrhein verbreitete Buch von der „Nachfolge Christi“ (De imitatione Christi). Es beginnt mit der Aufforderung: „Es sei unser höchstes Studium, uns in Jesu Leben zu versenken ... Wer aber Christi Worte völlig verstehen und in sich aufnehmen will, der muß danach trachten, sein ganzes Leben ihm nachzubilden.“ Es entstand eine weitausgreifende Meditations- und Schulbewegung, deren Fernwirkungen einerseits Martin Luther, andererseits Ignatius von Loyola erreichten. Beide wurden durch das berühmte „Rosétum“ des Jan van Mombaer (Mauburnus) mit der geistlichen Übung der D. m. bekannt.

Lit.: H. N. Janowski (Hrsg.), Geert Groote, Thomas von Kempen und die Devotio moderna. Olten–Freiburg 1978; J. Sudbrack, Personale Meditation – Die vier Bücher von der Nachfolge Christi. Düsseldorf 1973; K. Ruh (Hrsg.), Altdeutsche und altniederländische Mystik. Darmstadt 1974; G. Wehr, Die deutsche Mystik. München 1988.

Devotion (lat. „Verehrung“), die für das Beschreiten eines →inneren Wegs wichtige Voraussetzung, eine Grundgestimmtheit der Seele, die Verehrung gegenüber Wahrheit und Erkenntnis. „Wenn wir nicht das tiefgründige Gefühl in uns entwickeln, daß es etwas Höheres gibt, als wir sind, werden wir auch nicht in uns die Kraft finden, uns zu einem Höheren hinaufzuentwickeln. Der Eingeweihte hat sich nur dadurch die Kraft errungen, sein Haupt zu den Höhen der Erkenntnis zu erheben, daß er sein Herz in die Tiefen der Ehrfurcht, der D. geführt hat. Höhe des Geistes kann nur erklommen werden, wenn durch das Tor der Demut geschritten wird ... Und ebenso weiß man ... daß jedes in der Seele entwickelte Gefühl von wahrer D. eine Kraft entwickelt, die in der Erkenntnis früher oder später weiter führen kann" (R. Steiner).

Lit.: R. Steiner, Wie erlangt man Erkenntnisse der höheren Welten? Dornach [23]1982; G. Wehr, Der innere Weg. Reinbek 1983.

Dreizeiten-Lehre. Am Morgen eines Pfingsttages um das Jahr 1190 empfing der kalabresische Abt Joachim von Fiore eine →Erleuchtung, in der sich ihm anhand der Johannes-Offenbarung der Gang der Menschheitsgeschichte enthüllte. Er selbst spricht von der „symmetrischen inneren Bezogenheit (concordia) des Alten und des Neuen Testaments". Als trinitarisch schauender Denker schaute Joachim den Lauf der Heilsgeschichte in drei großen Epochen, die den drei Personen der göttlichen Dreieinigkeit entsprechen. Daraus ergab sich die D.-L. Sie besagt: Die „Zeit des Vaters" entspricht den Geschehnissen des Alten Testaments. Die Zeit des neuen Bundes dauert seit der Erscheinung Christi noch an. Und nahe bevor stehe die „dritte Zeit" bzw. das „dritte Reich" des Heiligen Geistes. Für Joachim beginnt sie im Jahr 1260. War die erste Zeit des Vaters eine Zeit des Gesetzes, so die des Sohnes eine Zeit der Gnade; die dritte Zeit aber werde eine Zeit vollkommener Liebe sein. Weitere Entsprechungen deuten darauf hin, daß damit die „Fülle der Erkenntnis", die „Freiheit", die Zeit der „Freunde" anbreche, wobei die vom Geist erfüllten Menschen keine äußeren Autoritäten mehr benötigen. Und an die Stelle der bisherigen äußeren Kirche trete die „Ecclesia spiritualis", die →Geistkirche. Mittelbar und unmittelbar hat die D.-L. über Jahrhunderte hinweg gewirkt. Im 16. Jahrhundert beriefen sich Männer wie Thomas Müntzer auf Joachim, im 17. erreichte die D.-L. utopistische Staatsdenker (z.B.

T. Campanella, „Der Sonnenstaat"). Im 18. Jahrhundert setzt Lessing in seiner „Erziehung des Menschengeschlechts" dem süditalienischen Seherabt einen Denkstein mit den Worten: „Sie wird kommen, sie wird gewiß kommen, die Zeit der Vollendung ... Sie wird kommen, die Zeit eines neuen ewigen Evangeliums, die uns selbst in den Elementarbüchern des Neuen Bundes versprochen wird. Vielleicht daß selbst gewisse Schwärmer des dreizehnten und vierzehnten Jahrhunderts einen Strahl dieses neuen ewigen Evangeliums aufgefangen hatten, und nur darin irrten, daß sie den Ausbruch desselben so nahe verkündigten." So unterschiedlich äußere Anlässe und die speziellen geschichtlichen Erscheinungsweisen im einzelnen sein mögen, im Hintergrund der unablässigen Hoffnung auf ein „neues Zeitalter" (→ New Age) steht nicht selten die D.-L. Joachims von Fiore.

Lit.: Joachim von Fiore, Das Reich des Heiligen Geistes, hrsg. von A. Rosenberg. München 1955; Bietigheim 1977; E. Benz, Ecclesia spiritualis (1934). Darmstadt 1964; H. Grundmann, Studien über Joachim von Fiore (1927). Darmstadt 1966; G. Wehr, Esoterisches Christentum. Stuttgart 1975.

E

Einweihung. Es liegt im Wesen esoterischer Erkenntnisbemühung, Lehrentwicklung und Gemeinschaftsbildung, daß das durch eine strenge →Arkandisziplin geschützte →Mysterium auf dem Weg einer besonderen Vorbereitung und E. angegangen werden kann. Bereits die Ethnologie (Völkerkunde) kennt bei sogenannten Naturvölkern eine Reihe von Aufnahmeriten, durch die der junge Mensch z. B. in Verbindung mit Beschneidung bei Jungen und Mädchen auf die neue Lebensphase des Erwachsenenalters samt den damit verbundenen Aufgaben vorbereitet wird. Eine besondere Rolle spielt die E. (→Initiation) im Zusammenhang geheimer Verbindungen, schließlich auf dem →inneren Weg, wenngleich dort nicht immer von E. gesprochen werden muß. In seinem anthroposophischen Schulungsbuch „Wie erlangt man Erkenntnis der höheren Welten?" unterscheidet R. Steiner Stufen der E.: Zunächst die Vorbereitung, zu der eine bestimmte Pflege des Gefühls- und Gedankenlebens gehört; sie entspricht in mancher Hinsicht dem Stadium der Reinigung (via purgativa) in der →Mystik. Es folgt die ebenfalls aus der Mystik bekannte Stufe der Erleuchtung, dann die der E. selbst. Auch in der Analytischen Psychologie C. G. Jungs gibt es trotz des anderen Ansatzes und trotz anderer Vorgehensweise Entsprechungen in Gestalt der →Individuation, insofern nicht allein Wissen vermittelt wird, sondern insofern ein Prozeß der Wandlung in Gang kommt. Wie schon in den Einweihungen der alten Mysterien oder im Taufritus der Christenheit handelt es sich um eine →Wiedergeburt, d. h. um eine Neuwerdung des Menschen, dem ein „neues Leben" folgen soll. So gesehen leben die traditionsgebundenen Themen der E. fort. Offensichtlich macht sich deren überzeitliche archetypische Grundstruktur (→Archetypus) geltend.

Lit.: R. Steiner, Wie erlangt man Erkenntnisse der höheren Welten. Dornach 1960; M. Eliade, Das Mysterium der Wiedergeburt. Zürich 1961; ferner →Initiation.

Engel (hebr. ‚Maleak'; griech. ‚ángelos', Bote), basiert auf der Vorstellung der Existenz von Wesen bzw. Mächten des Guten oder des Bösen, die gleichsam ‚oberhalb' der menschlichen Sphäre in der geistigen Welt beheimatet sind, die jedoch schützend, geleitend, inspirierend – im negativen Fall: Unheil erzeugend – ins irdische Geschehen eingreifen können; sei es im individuellen Leben, im Schicksalsgang der Völker, sei es in bestimmten Zeitaltern. Schon die außerchristliche, insbesondere alttestamentlich-jüdische Welt kennt die Begegnung mit dem E. Im Christentum sind E.-Erfahrungen zu allen Zeiten in vielfältiger Weise bezeugt, und zwar schon im Zusammenhang der Erscheinung Christi, in der Urgemeinde, in der Johannes-Offenbarung und in den nachapostolischen Zeitaltern. Anknüpfend an Paulus hat der sogenannte (Pseudo-)Dionysius Areopagita im 5./6. Jahrhundert eine in neun E.-Chöre gegliederte Hierarchie beschrieben, eine E.-Lehre, die die Folgezeit nachhaltig beeinflußt hat, nicht zuletzt das esoterische Christentum, zu deren Säulen der ungenannte Autor gehört. Agrippa von Nettesheim (gest. 1535) und sein Lehrer Trithem von Sponheim schöpften aus einer älteren Tradition, u. a. aus der E.-Lehre der → Kabbala, als sie den sieben Planeten-Sphären die sieben Erzengel als „Zeitgeister" zuordneten, nämlich: Oriphiel als Erzengel des Saturn, Anael (Venus), Zachariel (Jupiter), Raphael (Merkur), Samael (Mars), Gabriel (Mond), Michael (Sonne). Die durch sie geistig bestimmten Geschichtsepochen erstrecken sich über einen Zeitraum von annähernd 400 Jahren (→ Michaelisches Zeitalter). Während Theologie und Kirche in der Neuzeit immer mehr von verbindlichen Aussagen über die E. abrückte, während es immer schwerer fiel, naturwissenschaftliches Denken mit E.-Erfahrungen zu verbinden, schuf die → Anthroposophie Rudolf Steiners hierfür neue Erkenntnisgrundlagen. Wohl macht die Kritik darauf aufmerksam, daß die Steinersche Schau mit ihren Aussagen über die Dynamik der E.-Hierarchien im kirchlichen Christentum mancherlei Vorbehalte erzeugt. „Andererseits stammen aus der genannten Denkrichtung Veröffentlichungen, die ihresgleichen suchen, wenn es darum geht, den Zugang zur Welt des Geistes und zur Welt der geistigen Hierarchien zu erschließen. So ist die Geistwelt für anthroposophisch erzogene Menschen oftmals eine Realität nicht minderer Bewußtheit als die der materiellen Dinge. Davon könnte das kirchliche Christentum lernen" (G. Adler). Entsprechendes gilt für den esoterischen Zusammenhang. Ein wesentlicher Teil heutiger spiritueller →Erfahrung verweist auf die Dimension, die die Tradition als E.-Erfahrung kennt.

Lit.: G. Adler, Erinnerung an die Engel. Freiburg 1986; E. Grether, Geistige Hierarchien. Freiburg 1962; A. Rosenberg (Hrsg.), Begegnung mit Engeln. München 1956; A. Rosenberg, Engel und Dämonen. München 1967; 1986; H. Schlier, Mächte und Gewalten im Neuen Testament. Freiburg 1958.

En-Sof (hebr. „das Unendliche"), in der →Kabbala Ausdruck des unoffenbaren, verborgenen Gottes, der jedoch aus sich heraustritt und in den zehn Darstellungsformen der →Sefiroth zur Manifestation seines Wesens drängt. Nach dem →Sohar, dem großen kabbalistischen Hauptwerk, sind somit zwei Welten zu unterscheiden: „Eine erste Welt, das verborgenste von allem, schaut keiner und kennt keiner außer ihm (Gott) selbst, der in ihr verborgen ist. Das ist die Welt des E. Eine zweite Welt ist mit jener höheren verbunden und ist die, aus der Gott erkannt wird und von der es in der Bibel heißt: ‚Öffnet mir die Tore, daß ich eintrete!' Diese zweite Welt ist die der Attribute. Beide Welten bilden in Wahrheit eine dynamische Einheit ... Die mystischen Attribute Gottes sind solche Lichtwelten, in denen das dunkle Wesen von E. sich manifestiert" (G. Scholem). Jakob Böhme spricht im Rahmen seiner →Theosophie vom „Ungrund", der seinerseits zur Selbstoffenbarung des göttlichen Wesens drängt.

Lit.: G. Scholem, Die jüdische Mystik in ihren Hauptströmungen. Frankfurt 1957; ders., Judaica 1–4. Frankfurt 1963 ff.; ders., Von der mystischen Gestalt der Gottheit. Frankfurt 1977.

Erfahrung, ursprünglich in der Bedeutung von „fahren", sich vorwärts bewegen. Im übertragenen Sinn sind die Erlebnisse, die Kenntnisse, schließlich die daraus resultierende Erkenntnis gemeint, die „auf dem Weg" er-fahren werden. Während

im heutigen allgemeinen Sprachgebrauch die Erlangung von solcher E. gemeint ist, die durch Vermittlung der Sinne, durch (aktives) Erproben bzw. durch (passives) Erleiden erfolgt, lenkt die Esoterik die Aufmerksamkeit auf das, was auf dem →inneren Weg (im weitesten Sinn des Wortes) zu erfahren ist. Dazu gehören insbesondere die Erlebnisbereiche der →Mystik, die Begegnung mit einem →Mysterium, die E. eines →Symbols u. ä. Stets geht es um die Konfrontation dem dem zugrundeliegenden Spirituellen. Ohne solche E. ist religiöses Leben nicht zu denken. Ehe ein Dogma formuliert werden kann, ehe Ritus und Glaubenszeugnis theologisch interpretiert bzw. reflektiert werden können, bedarf es der vorausgegangenen E. der Nähe Gottes bzw. der Geistes-Gegenwart. Die Ursprungszeiten und die reformatorischen Aufbrüche in der Religions- und Kirchengeschichte basieren auf Akten bestimmter Gottes-E. In solchen Momenten ist der Mensch der Empfänger, aber niemals der „Macher" dessen, was sich von Gott bzw. von der göttlich-geistigen Welt her offenbart. In Zeiten der Veräußerlichung und der pseudo- bzw. quasireligiösen Routine, in denen die bloße Verwaltung religiöser Institution das Übergewicht bekommt, nimmt der E.-Hunger naturgemäß zu; →Esoterik ist von neuem gefragt, freilich eine solche, die die entstandenen geistig-geistlichen Leerräume mit Leben zu erfüllen vermag. Ihr ist mit bloßer Apologetik (Verteidigung der als alleingültig angesehenen eigenen Position) nicht beizukommen.
E. hat aber auch ihre Grenzen, etwa überall dort, wo sie zum Selbstzweck erhoben wird: E. um der Lust an E. willen, ohne daß die erforderlichen praktischen Konsequenzen gezogen werden. Gemeint ist die unerläßliche Umsetzung des Esoterischen auf dem Bewährungsfeld der →Exoterik. Darüber hinaus kennt die Mystik in West und Ost den Gestaltwandel von E. in die Nicht-E. hinein. So wie die →Meditation in einem vorgerückten Stadium die Bilder, Gedanken und Begriffe hinter sich lassen und auslöschen muß, so bedarf es jener Ge-Lassenheit, die selbst auf den „Genuß" (vermeintlicher) spiritueller E. zu verzichten vermag: „Gott ist größer als unser Herz!"

So bedarf jede E. auch der Eingrenzung und der Korrektur, – durch die Gottes- und Nächstenliebe. Da ist die jede egoistische E. ablehnende Geste der spanischen Mystiker: „Nichts, Nichts, Nichts!“ Da ist andererseits im → Zen-Buddhismus die nicht minder entschiedene Abwehr des „Makyo“, d.h. diabolisch-illusionärer Phänomene während der Meditation, die Geistesschau vorgaukeln, jedoch die wahre → Erleuchtung verstellen. Johannes vom Kreuz, der die „dunkle Nacht“ der Sinne und des Geistes ernst genommen sehen will, geht so weit zu sagen, „daß alle Visionen, Offenbarungen und ‚übernatürliche‘ Empfindungen und was man sich sonst noch Hohes denken mag, haben viel weniger Wert als der geringste Akt der Demut“. M.a. W.: „Ihn kümmerte nur die Liebe zu Gott und die Erfüllung des ersten Gebotes; das Einbeziehen von normalerweise verborgenen mystischen Fähigkeiten war ein Nebenprodukt von geringer Bedeutung“ (W. Johnston). Weitere Parallelen finden sich bei Meister Eckhart und selbst in der → Alchemie, die das eigentliche spirituelle „Werk“ (ergon) vom zweitrangigen „Parergon“ (Beiwerk), etwa in Gestalt bestimmter chemischer Resultate, unterscheidet.

Lit.: W. Johnston, Der ruhende Punkt. Freiburg 1974; ders., Klang der Stille. Mainz 1978; C. Albrecht, Psychologie des mystischen Bewußtseins (1951). Mainz 1976; ders., Das mystische Erkennen (1958). Mainz 1982; ders., Das mystische Wort, hrsg. von H. A. Fischer-Barnicol. Mainz 1974; K. Graf Dürckheim, Im Zeichen der Großen Erfahrung. München 1974.

Erleuchtung, ein zentraler religiös-esoterischer Begriff, der zum Ausdruck bringt, daß ein entscheidender Schritt auf dem → inneren Weg der spirituellen Entwicklung vollzogen worden ist. Er signalisiert einen Zustand des → Bewußtseins, der über den des alltäglichen gegenständlichen Sehens und Erkennens hinausreicht und der eine Orientierung im Geistigen entspricht: „ein Hinaufgerissensein auf eine höhere Ebene“ (Hugo M. Enomiya-Lassalle). Legt man die Stadien des Wegs zugrunde, die in der → Mystik bzw. in den → Mysterien Beachtung gefunden haben, dann geht der E. der vorbereitende Status der Reinigung voraus. Aber das eigentliche Ziel, die → Unio mystica steht noch bevor. Die östliche Esoterik kennt andere Grade bzw. Unterscheidungen von E., etwa „Samadhi" im Hinduismus als einen Bewußtseinszustand, der über Tiefschlaf, Träumen und Tageswachen hinausgeht, in dem aber auch das Denken endet, weil ein völliges Aufgehen des Meditierenden im Objekt bzw. Ziel seiner →Meditation erreicht worden ist. Damit nicht identisch, doch in den Formenkreis eines erhöhten Bewußtseins gehört →„Satori" im →Zen-Buddhismus. Es entspricht der Erfahrung einer E. bzw. eines Erwachens als ein unterscheidungsloses Erkennen. Es zeigt sich, daß der Terminus E. bestenfalls geeignet ist, auf ein „aufgehelltes" Bewußtsein aufmerksam zu machen, während es sehr verschiedene Grade oder Intensitäten des Wachseins gibt. Ebenso unterscheiden sich von Fall zu Fall Umfang, Tiefe, Klarheit, Genauigkeit dessen, was im Zustand einer E. in den Horizont des menschlichen Bewußtseins tritt.

Lit.: C. Albrecht, Psychologie des mystischen Bewußtseins (1951). Mainz 1976; R. M. Bucke, die Erfahrung des kosmischen Bewußtseins (1901). Freiburg 1975; H. M. Enomiya-Lassalle, Zen. Weg zur Erleuchtung. Wien–Freiburg 1960ff.; W. James, Die Vielfalt religiöser Erfahrung (1901). Olten–Freiburg 1979; Lexikon der östlichen Weisheitslehren. Bern–München 1986; G. Walther, Phänomenologie der Mystik (1955). Olten–Freiburg 1976; ferner Lit. zu →Mystik.

Eros. Die Tatsache, daß letztlich das menschliche Ausdrucksvermögen im Blick auf die Bezeugung tiefer mystischer →Erfahrung überaus begrenzt ist, ließ die Erfahrenden immer wieder zu Bildworten und Vergleichen greifen, die die Begegnung und die leiblich-seelisch-geistige Vereinigung Liebender beschreiben oder doch andeuten. Dadurch wurde der E. als solcher in gebührender Weise aufgewertet. Überblickt man die lange vernachlässigte Geschichte von „Religion und Eros", die stets auch in die Geschichte der →Mystik wie der →Esoterik hineinreicht, dann sind zwei Grundhaltungen anzutreffen, die einander polar entgegenstehen: Die eine ist eine asketisch-leibverneinende, d.h. es werden wohl die Metaphern der Liebesbegegnung, des Erglühens und des Vereinigtwerdens verwendet, um die höchste Intensität der Gotteserfahrung auszudrücken, aber die konkrete Liebeserfüllung wird entweder abgelehnt oder gar als sündig verurteilt. Verständlicherweise geschieht das durch zölibatärlebende Ordensleute, (z. B. Hugo von St. Viktor [→ Viktoriner] und Bernhard von Clairvaux in ihren Predigten und Betrachtungen zum Hohen Lied), aber auch im Protestantismus, etwa bei den sogenannten „Engelsbrüdern“, unter ihnen der radikale Böhme-Schüler J. Gg. Gichtel im 18. oder bei J. J. Wirz, dem Begründer der Nazarener-Gemeinde, im 19. Jahrhundert. – Daneben steht das sowohl ins frühe Judentum wie in den Hinduismus (→ Tantra) oder Taoismus weit zurückreichende Ganzheitsstreben, das die Leiblichkeit im Sinne der → Chassidismus-Deutung M. Bubers „einheiligt“ oder das F. Chr. Oetinger als das „Ende (d. h. die Vollendung) der Wege und Werke Gottes“ ansieht. Beispielhaft steht hier das Hohe Lied Salomos, das immerhin auch in der Christenheit den Rang einer kanonischen Schrift des Alten Testaments erlangt hat und dem ein Zweig der Forschung den Charakter einer Liturgie zur → Heiligen Hochzeit (Hieros Gamos) zuerkennt. Auch im Christentum konnte sich – oft am Rande der Legalität – der Minnedienst entfalten (→ Frau) und in der Gestalt der „Getreuen der Liebe“ (→ Fideli d'Amore) oder der → Brüder und Schwestern des freien Geistes für geraume Zeit retten. „Der Liebhaber und die religiösen Sekten hatten ihre Geheimsprache. Die Mitglieder der kleinen esoterischen Zirkel gaben sich durch Zeichen und Symbole, durch Farben und Codewörter zu erkennen“ (F. Heer bei M. Eliade). Entscheidend ist, daß der E. nicht nur das Vokabular und die Motive für das esoterisch Erfahrbare liefert, sondern selbst Felder, Grenzen und Transzendenzpunkte des Erlebens markiert, sofern man ihn tief genug versteht und ihn nicht vorschnell – etwa aus der Sicht der selbstlosen Agape (Caritas) – abwertet.

Lit.: W. Schubart, Religion und Eros (1941). München 1966; A. und W. Leibbrand, Formen des Eros I/II. Freiburg 1972; A. Schult, Eros und Agape. Bietigheim 1969; G. Wehr, Heilige Hochzeit. München 1986.

Esoterik, das Esoterische (von griech. „eso“ innen; im Gegensatz zu „exo“ außen → Exoterik) meint zunächst das innen Erfahrene, das man nicht beliebig mitteilen kann, sodann das für

einen engeren Kreis Bestimmte, weil es einer gewissen Vorbereitung oder →Einweihung (Initiation) bedarf. Schon die antike Philosophie unterschied das, was (esoterisch) den in der Erkenntnis fortgeschrittenen Schülern eines Weisheitslehrers mitgeteilt werden konnte, gegenüber dem, was man (exoterisch) der Öffentlichkeit bekanntgab. Von daher gesehen setzt E. in der Regel eine gewisse Offenheit und eine spezifische Aufnahmebereitschaft des Betreffenden voraus. Nicht selten ist das Durchlaufen eines inneren Reifungsprozesses erforderlich, den die Tradition seit den antiken →Mysterien und Einweihungstätten als Stufen der Reinigung, der Erleuchtung und der Vollendung bzw. Vereinigung kannte. Diese Stufen haben sich auch in der →Mystik erhalten.
In der Geschichte des →Christentums hat es von Anfang an eine eigenständige E. gegeben. Nur Getaufte machte man beispielsweise mit den zentralen Mysterien des christlichen Glaubens bekannt. Nur sie durften die heilige Eucharistie (Hl. Abendmahl; Messe) empfangen. Das „esoterische Christentum" hat im Laufe der Kirchengeschichte vielfältige Formen entwickelt, auch wenn die Empfängerinnen und Empfänger innerer Erfahrung nicht immer als „Esoteriker" bezeichnet wurden, etwa in der abendländischen Mystik, in der →Theosophie, im Zusammenhang von spirituellen oder meditativen Schulungswegen, in geschlossenen Gesellschaften, geheimen Verbindungen oder in →Ordensgemeinschaften.
Heute ist es nicht unproblematisch, auf die esoterische Dimension der Wirklichkeit hinzuweisen, weil seit Ende der siebziger Jahre des 20. Jahrhunderts eine Pseudo-E.-Welle in der Sachliteratur und in der allgemeinen Publizistik sich ausgebreitet hat. Es wurde der irritierende Eindruck erweckt, E. sei schlechthin all das, was in den okkultistischen Formenkreis hineingehört (→Okkultismus), selbst mit Einschluß parapsychischer Phänomene, Äußerungsformen des Orakelwesens samt der Vielfalt obskurer, insbesondere fragwürdiger Praktiken bis hin zum Satanismus u. ä. Selbst der Mißbrauch und die sexuelle Ausbeutung der →Frau sind von Fall zu Fall (nicht nur in popularisierten Formen des fernöstlichen →Tantris-

mus) einbezogen. Meist wendet sich die modisch bedingte Pseudo-E. an das Sensationsbedürfnis der Menschen. Hier liegt das eigentliche Mißverständnis. Denn echte E. ist schon von der ursprünglichen Wortbedeutung her das genaue Gegenteil dessen, was in äußeren Phänomenen aufgezeigt, „gemacht" und was dann marktschreierisch angeboten wird. Hingegen ist der esoterische Bereich dort betreten, wo ein Mensch im Innersten berührt, ergriffen (das →Heilige), erschüttert werden kann, so daß er als ein Gewandelter aus diesem seinem inneren Erleben heraustritt.

Das E. kann sich auf verschiedenen Ebenen ereignen und entfalten: auf der Ebene des Erkennens, des Innewerdens, aber auch im emotionalen Bereich. Entzünden kann sich das Esoterische auch an einem Natur- oder Kunsteindruck, in seelisch-geistigen Gipfelerlebnissen (H. A. Maslow: peak experiences), in →Meditation und →Kontemplation, im religiösen und im erotischen Akt, wo es zu Grenzerfahrungen kommt, wie sie aus den Zeugnissen der westlichen wie der östlichen →Mystik bekannt sind. Ihren bewußtseinsmäßig tiefsten Grund hat sie – sofern noch bezeugbar – dort, wo in der „Nacht des Geistes" (Johannes vom Kreuz) alle anderen Möglichkeiten menschlicher →Erfahrung preisgegeben werden. Es gibt somit nicht nur verschiedene Wege, sondern auch verschiedene Intensitäten und Grade esoterischer Erfahrung.

In der Gegenwart stellt E. für viele eine große Chance dar. Zum einen darf sie als ein wichtiges Korrektiv angesehen werden. Der betont extravertierte, d.h. auf die äußere Weltbewältigung festgelegte, in ihr ganz „aufgehende" Mensch bedarf eines wirksamen Gegengewichts, weil er seinen technisch und organisatorisch erlangten „Weltgewinn" nicht mit einem gefährlichen „Seelenverlust" bezahlen will. Gemeint ist die zunehmende Spaltung zwischen Bewußtem und →Unbewußtem, Rationalem und Irrationalem, die seit langem diagnostiziert wird. „Der Seelenverlust entspricht dem Losreißen eines Teils des eigenen Wesens, dem Verschwinden und der Emanzipation eines Komplexes, der dadurch zum tyrannischen Usurpator des Bewußtseins wird, das Ganze unterdrückt, ihn aus seiner Bahn wirft und zu Handlungen zwingt, deren blinde Einseitigkeit die Selbstzerstörung zur unvermeidlichen Gefolgschaft hat“ (C. G. Jung: Psychologische Typen). Die Beschäftigung mit der inneren Dimension der Wirklichkeit, die das Leitthema der E. darstellt, entspräche somit dem Verlangen nach Ganzheitlichkeit und nach Ganzwerdung. Die Wendung nach außen (Extraversion) und die nach innen (Introversion im Sinne C. G. Jungs →Analytische Psychologie) wären demnach zu harmonisieren und in ein Gleichgewicht zu bringen.

Auf der anderen Seite eröffnet E. einen inneren Freiheitsraum. Sie führt zu geistig-seelischer Unabhängigkeit von äußeren Autoritäten, Kollektivmeinungen, modischen Trends und Lehrnormen aller Art. Wer z. B. auf dem Weg der meditativen „Innerung“ (F. Melzer) seines wahren →Selbst inne geworden ist, der gewinnt ein höheres Maß an Selbstvergewisserung, religiös gesprochen: an Glaubensgewißheit und Lebensmut. Im gleichen Maße, in dem dies gelingt, verringert sich der Zwang, traditionelle Anschauungen blind zu akzeptieren, der Faszination von fragwürdigen „Führer“-(bzw. Guru-)Gestalten zu verfallen oder dogmatische Aussagen lediglich „für wahr“ zu halten.

Problemlos ist auch der →„innere Weg“ nicht. Wer sich beispielsweise zu stark von seinen Gefühlen, von Emotionen oder von spontanen Reaktionen in der Begegnung mit dem Spirituellen bestimmen läßt, der gerät leicht in die Gefahr, pseudoesoterischen Illusionen nachzuhängen. Andererseits sollte man sich prüfen, ob die Beschäftigung mit E. nicht etwa mit einer Flucht in eine weltfremde Innerlichkeit verwechselt wird, vielleicht noch verstärkt durch eine sympathische →Meister-Persönlichkeit. Doch dessen Qualitäten wären daran zu messen, daß er sich dann überflüssig macht, wenn seine Geistesschüler selbständig genug sind, um auf dem inneren Weg voranzukommen. Somit ist ein wichtiges Kriterium echter E.: Führt die betreffende esoterische Doktrin oder Praktik zu mehr geistiger Freiheit, zu einem erweiterten Selbst- und Weltverständnis, zur Fähigkeit, diesem Verständnis gemäß zu handeln, also zu größerer menschlicher Reife und tätiger Menschenliebe, – oder muß ein Preis gezahlt werden, der den Prozeß der Menschwerdung des Menschen in irgendeiner Weise beeinträchtigt.

Lit.: Anonymus, Die großen Arcana des Tarot I/IV. Basel 1983; W. Bitter, Der Verlust der Seele. Freiburg 1969; K. Graf Dürckheim, Von der Erfahrung der Transzendenz. Freiburg 1984; H. M. Enomiya-Lassalle, Leben im neuen Bewußtsein. München 1986; G. K. Kaltenbrunner (Hrsg.), Wissende, Verschwiegene, Eingeweihte. Hinführung zur Esoterik. Freiburg 1981; H. Rombach, Welt und Gegenwelt. Die philosophische Hermetik. Basel 1983; R. Steiner, Erkenne dich im Strome der Welt, hrsg. v. G. Wehr. Freiburg 1986; G. Wehr, Esoterisches Christentum. Stuttgart 1975; ders., Der innere Weg. Reinbek 1983; ders., Heilige Hochzeit. Symbol und Erfahrung menschlicher Reifung. München 1986.

Exercitia spiritualia (span. „Ejercicios espirituales"), die Geistlichen Übungen, die Ignatius von Loyola (1491–1556) zunächst dem von ihm begründeten Jesuiten-Orden gegeben hat. Die Anstöße erhielt er durch die geistlichen Unterweisungen, die er als verwundeter Offizier aus der meditativen Tradition der →Devotio moderna geschöpft hat und die ihn zu eigenen spirituellen Erfahrungen führten. In einem langen Prozeß der Übung gelangte Ignatius zu Einsichten, die sich in den E.s. niedergeschlagen haben. Die einzelnen Übungen sind in vier Wochen gegliedert. Nachdem der Übende in der ersten Woche sich um eine tiefgreifende Selbst- und Sündenerkenntnis bemüht hat, wendet er sich in einer eingehenden Weise der Betrachtung des Lebens und Leidens Christi zu. Denken bzw. inneres Vorstellen (→Imagination), Fühlen und Wollen sind einbezogen. Die E.s. zeigen die einzelnen Stationen dieses Innenwegs an, der zu beschreiten ist. Dem Betreffenden obliegt es, die bilderzeugende Kraft seiner Seele zu entfalten. Ausdrücklich mahnt der an sich zum Gehorsam aufrufende Ordensgründer, der innere Freiheitsraum des Übenden müsse respektiert werden. „Der die Übungen gibt", der keine diesbezügliche Autorität beanspruchen darf, dürfe den Übenden nicht drängen. Aufgetragen sei ihm vielmehr weise Zurückhaltung, weil Gott selbst in der menschlichen Seele die erforderliche Entscheidung bewirkt. Jede Übereilung sei zu vermeiden (I, 14/15). Die E.s. haben naturgemäß allerlei Kritik im Laufe der Geschichte erfahren. Die ihr innewohnende spirituell-formende Kraft ist unbestritten. Noch Dietrich Bonhoeffer schreibt in seinen Gefangenschaftsbriefen in Analogie zu Ignatius und der mit ihm innerlich verknüpften Tradition: „Wir müssen uns immer wieder sehr lange und sehr ruhig in das Leben, Sprechen, Handeln, Leiden und Sterben Jesu versenken, um zu erkennen, was Gott verheißt und was er erfüllt" (Widerstand und Ergebung, 21.8.1944).

Lit.: I. von Loyola, Geistliche Übungen, hrsg. v. A. Haas. Freiburg 1966 ff.; ders., Geistliche Übungen und erläuternde Texte, hrsg. von P. Knauer. Graz–Wien–Köln 1978; H. Enomiya-Lassalle, Zen und christliche Spiritualität. München 1987, 125 ff.

Exoterik (griech. „exo", außen), als Gegenbegriff zu →Esoterik ist sie Ausdruck der Hinwendung an die Öffentlichkeit. Dabei kann es sich einerseits um die Umsetzung und Fruchtbarmachung dessen handeln, was esoterisch, erkenntnismäßig errungen worden ist; andererseits kann E. Ausdruck bloßer Veräußerlichung und Banalisierung spiritueller Wirklichkeit sein. Dieser Fall liegt – wie die Zeichen der Zeit veranschaulichen – immer dann vor, wenn das Esoterische, das an eine bestimmte Disziplin (→Arkandisziplin) Gebundene buchstäblich zu Markte getragen wird.

F

Fideli d'Amore, die „Getreuen der Liebe", eine im 12./13. Jahrhundert blühende Gemeinschaft, die die geistige Dimension des → Eros und die religiös getönte Verehrung der → Frau in den Mittelpunkt ihres Strebens z. B. als Dichter und Sänger rückten. Bezeugt sind Gruppen der F. d. A. für Südfrankreich (Provence), dem Land der Troubadours, in Italien sowie in Nordfrankreich und Belgien. Die F. d. A. bildeten eine geheim agierende geistige Miliz. Das macht ihren esoterischen Charakter aus. Ihr Ziel war es, in das Geheimnis der Liebe einzuführen und der „einzigen Frau" Treue zu erweisen. Indem sie sich einer symbolhaltigen Geheimsprache bedienten, übten sie auf diese Weise → Arkandisziplin. „Die Frau symbolisiert den transzendenten Intellekt, die Weisheit (→ Sophia). Die Liebe zu einer Frau erweckt den Mann aus der Lethargie, in die die christliche Welt verfallen ist, da der Papst geistlich unwürdig war" (M. Eliade). Diese kirchenkritische Note ließ die im Zeichen der spirituellen Liebe Verbundenen zwar nicht zu einer ausgesprochenen → Ketzer-Bewegung des Mittelalters werden, aber ihr Anspruch auf Exklusivität und auf eine von der kirchlichen Autorität freien Geistigkeit unterstreicht die Distanz zur Rechtgläubigkeit. J. Evola hat auf die geistige Nähe der F. d. A. einerseits zu Dante, andererseits zum → Gral, sowie zu den → Katharern aufmerksam gemacht.

Lit.: J. Evola, Das Mysterium des Grals. München 1954; ders., Metaphysik des Sexus. Stuttgart 1961; M. Eliade, Geschichte der religiösen Ideen III, Teil 1. Freiburg 1983.

Frau. Auf den ersten Blick scheint → Esoterik die ausschließliche Domäne des Mannes zu sein. Das trifft auf weite Strecken wohl zu. Darüber ist aber nicht zu vergessen, daß die F. bereits in den antiken → Mysterien eine wichtige Rolle gespielt hat. In der christlichen →Mystik stehen neben Gestalten wie Bernhard von Clairvaux die mit ihm korrespondierende universell kundige Hildegard von Bingen, in der →Gottesfreunde-Bewegung neben den Seelenführern (Tauler, Seuse, Heinrich von Nördlingen u. a.) die zahlreichen Klosterfrauen, etwa Mechthild von Magdeburg, Mechthild von Hackeborn, die Schwestern im Oberrheingebiet und viele andere. Frauen wie Katharina von Siena oder Teresa von Avila stiegen auf zur höchsten kirchlichen Verehrung und erlangten im Katholizismus den Rang einer Kirchenlehrerin. Die →Alchemie kennt die „mystische Schwester" (sorror mystica) als die Gehilfin bei der Bereitung des →Lapis philosophorum. Nicht zu unterschätzen ist die Rolle der „weisen F." und der „femme inspiratrice", dank deren Vermittlung und Impuls z. B. künstlerisch Tätige den inneren Anschluß an die Kräfte der Phantasie und der Kreativität erlangen. Und selbst dort, wo die konkrete spirituell mitwirkende Partnerin fehlt oder zu fehlen scheint, z. B. im Leben Jakob Böhmes, ist das „ewig Weibliche" nahe, etwa in Gestalt der göttlichen →Sophia. Die von C. G. Jung inaugurierte archetypische Psychologie hat gezeigt, daß das Weibliche, mitunter symbolisiert durch die Maria, die Kraft der Gegensatzvereinigung (→Individuation) besitze, während das Männliche eine Reduzierung auf das Nur-Männliche bedeute, es sei denn, daß die Integration der Anima (als unbewußter gegengeschlechtlicher Seelenanteil des Mannes) gelingt. Abgesehen von den speziellen marianischen Traditionen der Christenheit steht Maria-Sophia für Geistoffenheit; sie ist das Urbild der empfangsbereiten →Seele. M. Luther läßt seine berühmte Magnificat-Auslegung (zu Luk 1,46–55) in die Worte ausklingen: „Wir bitten Gott um ein rechtes Verständnis dieses Magnifikats, daß es nicht allein leuchte und rede, sondern brenne und lebe in Leib und Seele. Das verleihe uns Gott durch die Fürbitte und den Willen seiner lieben Mutter Maria, Amen."

Lit.: E. Neumann, Die Große Mutter. Zürich 1956; C. Mulack, Die Weiblichkeit Gottes. Stuttgart 1983; dies., Maria. Stuttgart 1985; V. Kast, Paare. Stuttgart 1984; G. Wehr, Heilige Hochzeit. München 1986; J. A. Phillips, Eva. Stuttgart 1987.

Freimaurerei, diese heute international verbreitete geschlossene, jedoch nicht unbedingt geheime (Männer-)Gesellschaft, die ausgehend von den Idealen der philosophischen Aufklärung des 18. Jahrhunderts sich den Grundsätzen der Humanität, der Toleranz sowie dem Gedanken einer weltweiten, die Nationen, Gesellschaften und Religionen überschreitenden Bruderschaft verschrieben hat, wurde am Johannistag (24. Juni) 1717 durch Zusammenschluß von vier Londoner Logen gegründet. Von England breitete sich das Gedankengut der F. in alle zivilisierte Länder aus. Lediglich autokratische, diktatorische und totalitäre Regime, zeitenweise auch die römische Kirche, setzten der F. Widerstände entgegen oder verboten sie. Das grundlegende Buch der Konstitutionen (1723) mit den „alten Pflichten“ wird dem schottischen Pastor James Anderson zugeschrieben. In dem I. Kapitel, das Gott und der Religion gewidmet ist, heißt es:

„Der Maurer ist als Maurer verpflichtet, dem Sittengesetz zu gehorchen; und wenn er die Kunst recht versteht, wird er weder ein engstirniger Gottesleugner, noch ein bindungsloser Freigeist sein. – In alten Zeiten waren die Maurer in jedem Lande zwar verpflichtet, der Religion anzugehören, die in ihrem Lande oder Volke galt, heute jedoch hält man es für ratsamer, sie nur zu der Religion zu verpflichten, in der alle Menschen übereinstimmen, und jedem seine besonderen Überzeugungen selbst zu belassen. Sie sollen also gute und redliche Männer sein, von Ehre und Anstand, ohne Rücksicht auf ihr Bekenntnis oder darauf, welche Überzeugungen sie sonst vertreten mögen. So wird die Freimaurerei zu einer Stätte der Einigung und zu einem Mittel, wahre Freundschaft unter Menschen zu stiften, die einander sonst ständig fremd geblieben wären.“

Der spezifisch esoterische Charakter der F. ergibt sich aus der Tatsache, daß ihre Logen mit den dabei vollzogenen symbolisch-rituellen Handlungen nur Mitgliedern zugänglich sind. Die →Symbole (z. B. Winkel, Zirkel, Lot, Hammer, Kelle, Schurz) sowie die bei der „Arbeit“ benutzte Ritualsprache („den rauhen Stein“ behauen, dem „Baumeister der Welten“,

d. h. Gott, dienen u. dgl.) sind den mittelalterlichen Bauhütten samt deren sorgsamen Umgang mit den Werkgeheimnissen entnommen, wenngleich aus der ursprünglichen operativen Maurerei die symbolische F. von heute geworden ist. Die Tradition ist aber noch viel älter. Der Symbolbestand geht u. a. auf den der →Mysterien des Altertums zurück. Der überzeitliche Dienstauftrag heißt „Tempelbau". Als Urbild dient hierbei der Tempel Salomos (1 Könige 6; 2 Chronika 3). Und das Schicksal des legendären Tempelbaumeisters Hiram (1 Könige 5,15ff.), der getötet und wieder erweckt wurde, gehören ebenso zum spirituellen Traditionsgut der F. wie die das Gesetz der Polarität repräsentierenden Tempelsäulen Jachin und Boas (vgl. 1 Könige 7,21). Konstituierend ist sodann das Prinzip der →Einweihung dessen, der als „Profaner" an die Pforte der Loge klopft und Einlaß begehrt, um dann die verschiedenen Grade der Erleuchtung emporgeführt zu werden. In den sogenannten Johannislogen sind es die drei Grade des Lehrlings, Gesellen und Meisters. Die verschiedenen Hochgradsysteme der F. kennen diverse Erkenntnisgrade bis hin zum 33. Grad. Insbesondere die Hochgrade, etwa des Schottischen Ritus sind es, in denen die speziellen initiatorischen Möglichkeiten genutzt und das esoterische Wissen gehütet wird: traditionellerweise die einzelnen Bereiche der →Hermetik, →Alchymie, →Kabbala, des →Rosenkreuzertums u. ä.

Die Vielfalt der rituellen Formen, der Grade und Gliederungen hat sich in einer oft von Spannungen und Neugründungen begleiteten Geschichte entwickelt. Sie ist verwirrend groß, weil sich aufgrund von Abspaltungen und einer kaum übersehbaren Fülle von Sondergründungen immer neue Logenverbände gebildet haben, neben den regulären auch sogenannte „Winkellogen", die gleichwohl Legitimation beanspruchen.

Obwohl die →Frau in alten esoterisch-spirituellen Vereinigungen ihren Platz hatte, wurde sie in der patriarchal strukturierten Gesellschaft, so auch in der F. ausgeschlossen. Dem suchte man jedoch durch manche Neugründungen abzuhelfen, z. B. in Gestalt von →Adoptionslogen und androgyne Logen, in der Mann und Frau gleichberechtigt sind. Auf diese Weise war es

möglich, u.a. Querverbindungen zur anglo-indischen →Theosophie und deren esoterischen Abteilungen zu schaffen. Dabei handelte es sich um in freimaurerisch-kultischen Formen sich bewegende Erkenntnisarbeit, wie sie auch Rudolf Steiner vor 1914 in der →Anthroposophie praktizierte, allerdings unabhängig von freimaurerischen oder der F. ähnelnden Logenverbindungen.
Angesichts der Wichtigkeit des freimaurerischen Erlebnisses bemerkt A. Mellor: „Der Geist des freimaurerischen Rituals ... beruht auf dem Glauben, daß es gewisse Wahrheiten gebe, die zu tief sind, als daß Worte oder Begriffe sie ausdrükken könnten. Allein die →Symbole können eine stumme Andeutung davon geben. Der Mehrzahl der Menschen ‚sagen' diese Symbole nichts, und deshalb ist es auch gleichgültig, ob die Gegner der F. sie öffentlich machen oder nicht. Für denjenigen indes, welcher der Einweihung fähig ist, sprechen sie. Ein im echten Sinn des Wortes Eingeweihter ist jener, der das Rätsel zu entziffern und zu verstehen gewußt hat, aber die Riten der Einweihung selbst können ihm mit der Mitteilung der Symbole nur den Schlüssel des Symbolisierten geben. Es liegt an ihm, diese Kryptographie in Klarschrift zu übersetzen."

Lit.: Die Alten Pflichten von 1723. Frankfurt/M. 1966; E. Lennhoff / O. Posner, Internationales Freimaurer-Lexikon. Wien 1932; K. R. H. Frick, Die Erleuchteten. Graz 1973; J. K. Lagutt, Der Grundstein der Freimaurerei. Zürich 1963; P. Naudon, Geschichte der Freimaurerei. Fribourg/Frankfurt 1982; A. Mellor, Logen, Rituale, Hochgrade. O.O. 1985.

G

Geist (griech. „pneuma", lat. „spiritus"), ist auch in der →Esoterik nicht auf die menschliche Rationalität (ratio) zu begrenzen. Diese entspricht eher nur der Spiegelung dessen, was aus der „Tiefe des Seins" bzw. aus der „Höhe" der göttlich-geistigen Welt, von „oben" im Sinne von Joh 3, empfangen wird, jedoch niemals organisiert oder willkürlich bewirkt werden kann. Dieser G. bedeutet für den Menschen die →Wiedergeburt, das neue Sein, die neue Schöpfung (kaine ktisis), sowie Teilhabe am Schöpferischen. So ist G. Inbegriff des Sinngebenden, Ordnung Stiftenden, Erkenntnis Eröffnenden, Leben Schaffenden. Es liegt in der Natur der Sache, daß der für die Philosophie wie für die Theologie so bedeutsame G.-Begriff im Laufe der Ideengeschichte trotz erkennbarer Kontinuität immer neu gefaßt worden ist. Nach alter abendländischer Tradition ist der Mensch selbst ein Bürger dreier Welten. „Durch seinen Leib gehört er der Welt an, die er auch mit seinem Leibe wahrnimmt; durch seine Seele baut er sich seine eigene Welt auf; durch seinen G. offenbart sich ihm eine Welt, die über die beiden anderen erhaben ist ..." (R. Steiner) – Die Religionen und Philosophien verwenden den G.-Begriff mit unterschiedlichen Bedeutungsnuancen. Im Christentum ist es der Heilige G., von dem die entscheidenden Impulse für das geistliche Leben ausgehen: Er schenkt →Erleuchtung; er vermittelt →Inspiration; er bewirkt eine tiefgreifende Wesenswandlung und ist insofern stets unverfügbar. Das kommt in dem unablässigen Bitten um den Heiligen G. zum Ausdruck. Obwohl auch →Gnosis und Esoterik von einem überrationalen G.-Begriff ausgehen, ist eine Unterscheidung zwischen diesem G. und dem Heiligen Geist geboten.

Lit.: König/Waldenfels (Hrsg.), Lexikon der Religionen. Freiburg 1988.

Geistliche Führung, Führung in der Kraft des Geistes, Geleit auf dem →inneren Weg, ist in des Wortes engerem Sinn als eine zeitlich begrenzte Hilfestellung eines erfahrenen →Meisters zu verstehen. Sie wird in dem Moment problematisch, wo der oder die Geführte von dem Führenden abhängig wird und auf ihn fixiert bleibt, statt sich von ihm in dem Augenblick zu lösen, in dem die Wegweisung erfolgt oder eine Krisensituation bestanden ist. Niemand, der in solchem Fall g. F. anbietet, darf den Eindruck erwecken, er könne gleichsam stellvertretend den Weg eines anderen gehen oder ihm die einzelnen Schritte vorschreiben, die zu tun seien. Die buddhistische Spiritualität kennt im Blick auf g. F. die Dreiheit von Meister, Gemeinschaft und Buch:

„Ich nehme meine Zuflucht zu Buddha, dem erleuchteten Meister. Ich nehme meine Zuflucht zu Dhamma, der überlieferten Lehre. Ich nehme meine Zuflucht zum Sangha, der Gemeinschaft derer, die gleich ihm den buddhistischen Weg gehen."

In Analogie dazu lassen sich die bestimmenden Faktoren für g. F. im Christentum benennen: Christus als innerer Meister (→Selbst); die →Bibel als Orientierung und Mitte jeglicher Tradition; die Gemeinschaft derer, die „in Christus" sind, sie seien innerhalb oder außerhalb der verfaßten Kirche; die →„Wolke des Nichtwissens" als klassisches Beispiel der g. F.

Lit.: P. Rabbow, Seelenführung. München 1954; J. Sudbrack, Geistliche Führung. Freiburg 1981.

Geistkirche. Joachim von Fiore, der Schöpfer der weithin beachteten →Dreizeiten-Lehre, kann als „der eigentliche und zentrale Reformator des Christentums nach der ersten Jahrtausendwende (betrachtet werden), von dessen Einsichten und Impulsen alle späteren Reformversuche offen oder heimlich gespeist worden sind ... Er hat jene grundsätzlichen Einsichten und Gesetze aufgefunden, die jeder Reformation zugrunde liegen müssen ..." (A. Rosenberg). Zugrunde liegt der Gedanke – oft ist es ein großer Traum – einer die Enge und die Zwänge der Konfessionen überschreitenden →Ökumene des

Geistes. Wenngleich betont christologisch zentriert, steht der Begriff G. nicht selten in Verbindung mit der Idee eines idealen Gemeinwesens, in dem nicht die Prinzipien der Macht oder des Totalitarismus herrschen, sondern die einer neuen Ethik, einer auf Liebe und Freiheit gegründeten Lebensform. Zu den in der Regel gescheiterten Versuchen gehören die Ansätze eines Cola von Rienzi, der als römischer Volkstribun als erster ein politisches Programm im Geiste Joachims entwarf; die Sehnsüchte eines Sebastian Franck oder Thomas Müntzer im Reformationszeitalter; im 17. Jahrhundert die Bewegung der →Rosenkreuzer. Und so wie Joachim in der Dreizeiten-Lehre eine trinitarisch geordnete Heilsgeschichte geschaut hat, so sprach im 19. Jahrhundert Schelling in seinem Spätwerk („Philosophie der Mythologie", „Philosophie der Offenbarung") von den drei Zeitaltern christlicher Verwirklichung. Nach dem petrinischen Zeitalter der römischen Kirche und dem Zeitalter des Paulus seit der Reformation, werde eine dritte, die johanneische Kirche in Erscheinung treten, „nicht als Staatskirche, nicht als Hochkirche, sondern als Religion des Menschengeschlechts, welche zugleich die höchste Wissenschaft ist". Denn: „Johannes ist der Apostel der zukünftigen, erst wahrhaft allgemeinen Kirche, jenes zweiten neuen Jerusalems, die er selbst vom Himmel herabsteigen sah … jener nichts mehr ausschließenden Stadt Gottes, in der die Juden und Heiden gleich eingehen … in der Heidentum und Judentum gleich inbegriffen sind, die ohne beschränkenden Zwang, ohne äußere Autorität, durch sich selbst besteht."

Lit.: Vgl. →Dreizeiten-Lehre.

Gnosis, Gnostizismus (griech. „Erkenntnis"), gehört neben „Pistis" (Glaube) zu den Grundworten des Neuen Testaments, sodann mit nicht geringerer Bedeutung ins allgemeine religiös-spirituelle Vokabular. Gemeint ist nicht das Ergebnis rationaler Bemühungen. Vielmehr geht es darum, durch G. zu einem begründeten (Offenbarungs-)Wissen um Herkunft und Ziel menschlicher Existenz und alles Seins zu gelangen. G. stellt sodann auch einen Weg dar, zum Ursprung im Licht zurückzu-

finden. Im Hintergrund steht die dualistische Vorstellung von Licht und Finsternis, Gut und Böse. Danach entstammt die menschliche →Seele, das wahre →Selbst, der Welt des →Geistes, einer vielschichtigen Welt überirdischer göttlich-geistiger Wesenheiten (Äonen) und Sphären. Durch einen tragischen Fall sei die Seele in die dunkle, böse, widergöttliche Welt der Materie abgestürzt, wo sie nun, an die physische Leiblichkeit und Vergänglichkeit gekettet, in Unfreiheit vegetiere. Sie verlange nach Befreiung, ohne jedoch, eben mangels G., von ihrer wahren Heimat und von dem Rückweg dorthin zu wissen. Durch einen G.-Bringer (Jesus) könne der Mensch Gnosis als eine befreiende, das Heil gewährende Erkenntnis erlangen und den bislang geheim gehaltenen Weg in die Geistwelt antreten. Dieser Weg beginnt bereits in diesem Leben, von dem Moment an, in dem G. aufleuchtet. Die betont dualistische Weltanschauung der antiken G. verlangt eine ihr angemessene Ethik, in der Regel besteht sie in strenger Askese (Entweltlichung). Es wird aber auch gelegentlich von einer libertinistischen Lebenshaltung berichtet, als könne und solle man durch allgemeine bzw. durch rituelle Aussschweifung den bösen Weltschöpfer (Demiurg) schädigen.
Die erste Christenheit erblickte in der G. eine ernste Infragestellung ihrer grundlegenden Dogmen und verurteilte sie daher als eine gefährliche →Häresie. Dies hielt sie für um so notwendiger, als die G. in zahlreichen Schulrichtungen auftrat und in nahezu allen Verbreitungsgebieten der werdenden Kirche großen Anklang fand. Ihre erste Blütezeit war im 2. Jahrhundert. Im 3. Jahrhundert trat der →Manichäismus hinzu. Gnostische Bestrebungen begleiteten die Christenheit durch die Jahrhunderte, stets verbunden mit dem Streit, ob es sich bei der jeweiligen G. um einen legitimen, daher unaufgebbaren Wesensbestandteil christlicher Spiritualität oder um eine das Wesen der Kirche bedrohende Irrlehre handle. Ansätze für den antignostischen Kampf finden sich bereits im neutestamentlichen Schrifttum. Er entfaltete sich in der nachapostolischen und führte zur Vernichtung eines reichhaltigen Schrifttums, das bis auf geringe Reste verlorenging. In der

kirchlichen Apologetik (Abwehr bzw. Abgrenzung gegenüber anderen Glaubensrichtungen und Weltanschauungen) setzt sich die Bestreitung der G. fort. – Die moderne G.-Forschung hat erwiesen, daß die frühchristliche G. nicht allein unter dem Gesichtspunkt einer christlichen Ketzerei betrachtet werden darf. Es handelt sich vielmehr um eine „Weltreligion" (G. Quispel) eigener Prägung. Auch was deren Herkunft anlangt, so besteht nicht mehr die ursprüngliche Einmütigkeit. Als geistige Quellgebiete der G. kommen neben dem Griechentum jüdische, ägyptische, persische Einflüsse sowie solche des vorderorientalischen →Synkretismus in Frage. Hinzu kommen Querverbindungen zur antiken →Hermetik. Eine große Bereicherung stellten die nach 1945 gemachten Funde von zahlreichen gnostischen Schriften in koptischen Dialekten dar, die im Niltal bei Nag-Hammadi erfolgt sind. Sie ergänzen das bis dahin meist nur aus antignostischen Kirchenväter-Texten zu erhebende Wissen über die frühchristliche G.
Gelegentlich bezeichnet die kirchliche Apologetik zeitgenössische Geistesströmungen wie z.B. die →Anthroposophie als „moderne G." Dabei ist aber zu bedenken, daß wesentliche Kriterien der alten G. auf sie nicht anwendbar sind, u.a. die Weltverneinung, Askese bzw. Libertinismus oder die von der G. geleugnete Menschwerdung (Inkarnation) Christi. Gemeinsam ist jedoch beider Bewegungen große Bedeutung im Rahmen der christlichen Esoterik.

Lit.: W. Foerster u.a. (Hrsg.), Die Gnosis I/III. Zürich 1969ff.; R. Haardt, Die Gnosis, Wesen und Zeugnisse. Salzburg 1967; H. Jonas, Gnosis und spätantiker Geist I/II (1934). Göttingen 1954ff.; K. Rudolph (Hrsg.), Gnosis und Gnostizismus (Wege der Forschung). Darmstadt 1975; ders., Die Gnosis, Wesen und Geschichte einer spätantiken Religion. Leipzig 1977; Göttingen 1978; G. Quispel, Gnosis als Weltreligion. Zürich [2]1972; G. Wehr, Esoterisches Christentum. Stuttgart 1975; ders., Auf den Spuren urchristlicher Ketzer. Schaffhausen 1983.

Gottesfreunde. Zugrunde liegt die in der Religionsgeschichte wiederholt auftretende Vorstellung, daß der Mensch mit Gott in eine innere personale, freundschaftliche Beziehung eintreten könne. Der Evangelist Lukas (Kap. 1,1) wendet sich an einen G. (griech. „Theophilus"). Eine besondere Ausgestaltung fanden die Kreise von G. im Bereich der deutschen → Mystik. Geistliche Seelenführer wie J. Tauler, H. Seuse, Heinrich von Nördlingen und viele andere sammelten um sich spirituell strebende und religiös suchende Frauen sowie Männer. Der Gedankenaustausch der G. hat sich in Briefen erhalten. Mystische Texte beziehen sich auf Angehörige derartiger Kreise, z. B. die anonyme „Theologia Deutsch" (Der Frankfurter) oder Jan van Ruusbroec in seinen Schriften. Die Autoren legten großen Wert darauf, echte G. anzusprechen, die mit den als häretisch verurteilten → Brüdern und Schwestern des freien Geistes nicht zu verwechseln sind.

Lit.: R. Egenter, Gottesfreundschaft. Augsburg 1928; Theologia Deutsch – Eine Grundschrift deutscher Mystik. Freiburg 1980; W. Oehl, Deutsche Mystikerbriefe 1100–1550. Darmstadt 1972; G. Wehr, Die Deutsche Mystik. München 1988.

Gral (altfranz. „gradalis, gradele", Schüssel), verweist auf eine ein → Mysterium bergende, heilschenkende Schale, sei es der Abendmahlskelch, sei es die Schale, in der Josef von Arimathia (der Sage nach) das Blut aufbewahrt habe, das aus den Wunden des gekreuzigten Christus floß. Von daher ergibt sich der hohe symbolische Rang der G.-Schale und der sie umkreisenden G.-Erzählungen. Dazu gehören die Dichtungen von Chrestien de Troyes (um 1180), Robert de Boron (um 1190), insbesondere aber Wolframs von Eschenbach „Parzival" (zwischen 1197 und 1210). Im Mittelpunkt stehen die Abenteuer des auf der Suche (Quest) nach dem Heiligen G. befindlichen Parzival, der nach langer Irrfahrt, nach manchem Fehlverhalten schließlich zur geheimnisumwitterten G.-Burg findet, den G. erblickt und zu dessen Hüter bestellt wird. Die G.-Symbolik berührt sich mit der Esoterik der „neumanichäischen" → Katharer, mit den → Templern sowie mit den weltzugewandten provencalischen Troubadouren. Zusammen mit dem Rosenkreuz (→ Rosenkreuzer) gehört der G. zu den zentralen Symbolen der westlichen → Esoterik. „Wagners ‚Parsifal' ist eine geniale Neubelebung der G.-Erzählung von ausgesprochen ‚psychologischem' Charakter. Daß er in diesem Gewand Probleme des 19. Jahrhunderts auszudrücken vermochte, seien sie zeitlich national oder auch persönlich bedingt, ist ein Beweis für die genuin symbolische Natur der Sage, die so echt ist, daß auch noch nach Wagner das Forschen nach dem G. nicht gegenstandslos geworden ist. Nicht nur Wissenschaft und Kunst beschäftigten sich mit der G.sage, sondern auch geistige Bewegungen unserer Zeit, wie z. B. die Geheimorden, die → Anthroposophie und andere Gemeinschaften ähnlicher Art, welche G. und G.suche zum Gegenstand von Meditationsübungen oder Initiationszeremonien machen. Noch immer ruft der G. aus seiner Verborgenheit Suchende auf zur Queste, und noch immer sind Ritter auf dem Weg nach der schwer aufzufindenden Burg, wo das Kleinod bewahrt wird", betont Emma Jung, die eine bedeutende Interpretation verfaßt hat.

Lit.: R. Meyer, Der Gral und seine Hüter. Stuttgart 1956; G. von dem Borne, Der Gral in Europa. Stuttgart 1976; E. Jung / M. L. von Franz, Die Gralslegende in psychologischer Sicht. Zürich 1960; G. Wehr, Esoterisches Christentum. Stuttgart 1975; J. Evola, Das Mysterium des Grals. München 1954.

H

Häresie (griech. „haíresis“, Schulrichtung, Lehrmeinung, Sekte), bezeichnet eine Abweichung von der als orthodox (rechtgläubig) angesehenen Lehre, gemeinhin als → Ketzerei bezeichnet. Eine unvoreingenommene Betrachtung der frühen Kirchengeschichte zeigt, daß die Übergänge zwischen Orthodoxie und H., Rechtgläubigkeit und Ketzerei, durchaus fließend waren und daß es eines langen Prozesses bedurfte, bis sich die schließlich siegreich gebliebene katholische (= allgemeine) Kirche gegenüber der sogenannten H. durchgesetzt hatte. Das geschah seit Kaiser Konstantin, d.h. ab 312/13 mit nachdrücklicher staatlicher Unterstützung. Der Häretiker wurde gleichzeitig zum Staatsfeind erklärt und hatte kein Lebensrecht. Da die Pflege bestimmter esoterischer Anschauungen von Fall zu Fall als Ausdruck von H. verstanden wurde, in der alten Kirche vor allem in Gestalt der → Gnosis, war das Schicksal solcher Häretiker von vornherein besiegelt.

Lit.: W. Bauer, Rechtgläubigkeit und Ketzerei im ältesten Christentum (1934). Tübingen 1963; G. Wehr, Auf den Spuren urchristlicher Ketzer. Christliche Gnosis und heutiges Bewußtsein. Schaffhausen 1983.

Heilige, das bzw. der (lat. „sacer“; griech. „hagios“; hebr. „kadosch“), benennt eine Kategorie eigener und einzigartiger Bedeutung. Sie ist überall dort am Platz, wo die Unerhörtheit und Unbeschreiblichkeit der erschütternden Nähe Gottes, eben als des H., erfahren bzw. erlitten wird. Dieses H.-Sein ist nicht mit moralischer Höherwertigkeit, etwa im Sinne von ethischer „Heiligmäßigkeit“ gleichzusetzen, wie sie einem Menschen zuerkannt werden könnte. Vielmehr geht es darum, daß der Mensch, angesichts des H., seiner Bedingtheit vor dem Unbedingten, seiner Endlichkeit angesichts des Ewigen erschreckt inne wird, „unter Furcht und Zittern". Verbunden damit ist das Bewußtsein, dem was als das (oder als der) H. zu nennen ist, in keiner Weise gewachsen oder würdig zu sein. Dieser Erfahrung steht in der → Mystik die Empfindung gegenüber, mit dem Göttlichen im Innersten eins zu sein oder doch eins werden zu können, sei es in der sakramentalen Kommunion, sei es in der ersehnten → Unio mystica. Dagegen läßt die Konfrontation mit dem H. jenes mystische Einheitsbewußtsein schlagartig zunichte werden. Dieses Gefühl des Konfrontiertseins mit dem H. entzieht sich naturgemäß der exakten begrifflichen Fixierung. In seinem epochemachenden Buch „Das Heilige" (1917) hat der evangelische Theologe und Religionswissenschaftler Rudolf Otto das H. als das Phänomen eines → Numinosen beschrieben, d.h. als eine Qualität der religiösen → Erfahrung, die Ereignis wird, wenn der Mensch im Innersten ergriffen ist, als ein Ereignis, das ihn erzittern läßt (mysterium tremendum → Mysterium), als eine Tatsache, die ihn anzieht und bestrickt (das Fascinans). Das H. manifestiert sich an heiligen Orten, in heiligen Räumen, angesichts heiliger bzw. geheiligter Gegenstände im Gegenüber zu profanen. Ausgesonderte Zeiten werden vom H. her qualifiziert.

Lit.: C. Colpe (Hrsg.), Die Diskussion um das Heilige. Darmstadt 1977; M. Eliade, Das Heilige und das Profane. Reinbek 1957; R. Otto, Das Heilige. Über das Irrationale in der Idee des Göttlichen und sein Verhältnis zum Rationalen (1917), München 1987; J. Splett, Die Rede vom Heiligen. Freiburg [2]1985.

Heilige Hochzeit (griech. „hieros gamos"), zentrales, zugleich weltweit verbreitetes Menschheitssymbol, das die Vereinigung der einander zugeordneten polaren Gegensätze ausdrückt: Göttliches und Menschliches, Lichtes und Dunkles, Himmlisches und Irdisches, Männliches und Weibliches. Dabei handelt es sich offensichtlich um einen → Archetypus, der die Ergänzungsbedürftigkeit des Menschen, nicht allein aufgrund seiner Geschlechtlichkeit anzeigt. Daher hat die Metapher der H.H. in Religion, → Mythos und Spiritualität seit den Anfängen der Kulturgeschichte vielfältige Darstellung gefunden, u.a. in den Fruchtbarkeitskulten. Zugrunde liegt offensichtlich die Vorstellung der →Androgynität. Im altchinesischen Denken gibt es die →Yin-Yang-Symbolik, im Bereich des Hinduismus sowie in den religiösen Überlieferungen ist die Vereinigung von Gott und Göttin eine vertraute Vorstellung. Ins Alte Testament ist sie eingedrungen. Das Hohelied Salomonis wird von einem Teil der Forscher (H. Schmökel) geradezu als eine Liturgie der H. H. im alten Kanaan bezeichnet. Hochzeitliche Stimmung erfüllt wesentliche Partien des Neuen Testaments. Die →Mysterien des Altertums und die →Gnosis sind ohne die H. H.-Symbolik ebenso wenig zu denken wie die Konjunktionsmystik der →Kabbala oder die auf den →Lapis philosophorum hinarbeitende operative wie mystische →Alchemie, die in rosenkreuzerischen Zusammenhängen von der →Chymischen Hochzeit spricht. Jakob Böhmes Schauen und Denken kreist um die Vermählung mit der göttlichen →Sophia (→Christosophia). Als mystische Hochzeit steht das Motiv im Mittelpunkt der christlichen →Mystik. Immer ist man sich bewußt, vor einem →Mysterium zu stehen, in ein Mysterium hineingenommen zu sein, das – in psychologischer Sicht – mit Reintegration und →Selbst-Werdung zu tun hat. Unter diesem Aspekt hat C. G. Jung der H. H. in der →Analytischen Psychologie besondere Aufmerksamkeit geschenkt.

Lit.: C. G. Jung, Mysterium coniunctionis, in: Gesammelte Werke 14, I/II; H. Schmökel, Heilige Hochzeit und Hoheslied. Wiesbaden 1956; G. Wehr, Heilige Hochzeit. Symbol und Erfahrung menschlicher Reifung. München 1986.

Hermetik, die auf „Hermes Trismegistos", d. h. den „dreimalgroßen Hermes", den ägyptischen Weisheitsgott Thot oder Theut zurückgeführte Tradition geheimen Wissens, die seit der hellenistischen Antike spirituell Suchende durch die Jahrhunderte hindurch immer wieder zu faszinieren vermochte. Ihren literarischen Niederschlag hat die H. der Alten im →„Corpus Hermeticum", einer Sammlung von 17 bzw. 18 in griechischer Sprache abgefaßter Schriften theosophisch-spekulativen Inhalts, gefunden, die zwar erst im 3. nachchristlichen Jahrhundert niedergeschrieben worden sind, jedoch ältere Überlieferungen aufgreifen. Als Gott der Zahl und der Schrift verkörperte Thot-Hermes bzw. Mercurius den Träger alles theoretischen Wissens wie aller technischen Kunstfertigkeit. Wie in einem Schmelztiegel fließen bei ihm Überlieferungsgüter des späten Platonismus, neu-pythagoreisch-orphische, jüdisch-hellenistische und gnostische Elemente zusammen. Es ist der →Geist (griech. „Nous“), aus dem alles hervorgeht und der alles Bestehende schöpferisch-verwandelnd durchdringt. Von daher ergibt sich eine universalistische Schau religiöser Prägung.

Dadurch daß der Florentiner Cosimo de Medici ein Manuskript des Corpus Hermeticum 1460 erwarb und der Humanist Marsilio Ficino 1463 eine Übersetzung ins Lateinische herstellte, wurde die H. als solche für die italienische wie für die mitteleuropäische Renaissance von neuem bedeutsam. Der Neuplatonismus lebte erneut auf, und der Eindruck entstand, daß das →Christentum auf diese Weise die lange vermißte geistige Tiefe und Fülle zurückerstattet bekäme. Christen und Nichtchristen erblickten hier die Chance für einen Brückenschlag, zumal gleichzeitig auch der Wert der jüdischen →Kabbala für Christen einsichtig wurde. Zu den Grundanschauungen der H. gehört die der wechselseitigen Entsprechung der unteren und der oberen Welt, des Mikrokosmos Mensch und des Makrokosmos Welt. Die traditionellen Disziplinen der H., →Alchemie und →Astrologie, sind ohne diese grundlegende Entsprechungslehre nicht zu denken. Die vielzitierte →Tabula Smaragdina bringt sie auf einen gemeinsamen Nenner.

Seit geraumer Zeit werden Versuche unternommen, die antike H. in einen dem heutigen Bewußtseinsstand gemäße Metamorphose hineinzuführen und als christliche H. zu aktualisieren. Dieses Unternehmen wurde bzw. wird getragen von dem Autor der „Großen Arcana des Tarot“ (V. Tomberg) und dem kleinen Menschenkreis, der sich um „Hermetika, Zeitschrift für christliche H.“ (Kīnsau 1983 ff.) schart: „Unsere Zeit ruft zur gemeinsamen Bemühung der heutigen Hermetiker auf, eine dritte Zusammenfassung zu erstellen, die für unsere Zeit das wäre, was der →Tarot für das Mittelalter und was die Smaragdene Tafel für das Altertum waren, damit, wie die Tabula

Smaragdina die Essenz der antiken Weisheit und der Tarot die Essenz der mittelalterlichen Weisheit durch die Sintfluten hindurch gerettet haben, die sie voneinander trennten..." (V. Tomberg).

Lit.: M. Eliade, Geschichte der religiösen Ideen, Bd. II, § 209; ders., Bd. III,1 § 310. Freiburg 1979ff.; Anonymus, Die großen Arcana des Tarot I/IV. Basel 1983.

Herzensgebet, das auf das Evangelienwort zurückgehende Gebet: „Herr Jesus Christus, erbarme dich meiner (bzw. unser)!" Diese mantramartige Formel (→Mantram) wurde durch ostkirchliche Mönche, geistliche Väter (z. B. die russischen Starzen) und Seelenführer zu einer besonderen Gebetsmethode entwickelt. Die Kürze des Textes erlaubt eine ständige, nahezu unbegrenzte rhythmische Wiederholung, die – ähnlich wie bei der →Meditation – die theologische Reflexion weitgehend entbehren kann. Es sind die Worte selbst; es ist die ungeteilte Hinwendung zu Christus, was allein zählt. Dabei kann so gebetet werden, daß sich die Worte des H. mit dem Ein- und Ausatmen rhythmisch verbinden. Auf diese Weise wird einerseits eine tiefe Verankerung in die Leiblichkeit und in die Dimension des Unbewußten hinein erzielt; andererseits tut sich eine Möglichkeit auf, die Forderung des Apostels Paulus zu befolgen: „Betet ohne Unterlaß!" Vom Gebet in Worten, über das Beten in Gedanken kann das H. in ein geistiges Beten ohne Worte übergehen. Die mit Hilfe des H. erzielbare Sammlung und Intensität des Betens führt zur Erfahrung einer starken Gott-Unmittelbarkeit und Geistesgegenwart, und zwar mitten in der Welt und inmitten der alltäglichen Lebensvollzüge. Da bedarf es keines Klosters, keiner Zelle und keines speziellen gottesdienstlichen Ortes, weil das Entscheidende in der eigenen Herzenstiefe geschieht. Von daher ist das Wort des Johannes Klimakos (6. Jahrhundert) zu verstehen: „Das immerwährende weise H. ist die Wissenschaft aller Wissenschaften; die Kunst aller Künste; die Arbeit der Arbeiten, die jedem Schlichten, wie dem Gelehrten zugänglich ist." In der russischen wie der griechischen →Philokalia hat sich die aus dem

H. geschöpfte Gebetserfahrung von vielen Jahrhunderten niedergeschlagen. Da wie dort gipfelt das Gebet im → Namen Jesu. Die „Aufrichtigen Erzählungen eines russischen Pilgers" dokumentieren Erfahrungen dieser Art in episodischer (d.h. ‚auf dem Weg' erlangter) Weise; sie sind zugleich Ausdruck einer volkstümlichen christlichen Esoterik.

Lit.: E. Jungclaussen (Hrsg.), Aufrichtige Erzählungen eines russischen Pilgers. Freiburg 1974; ders., Das Jesusgebet. Regensburg 1976; S. Scharf, Das große Buch der Herzensmeditation. Freiburg 1979; A. Selawry, Das immerwährende Herzensgebet. Ein Weg geistiger Erfahrung; A. Rosenberg (Hrsg.), Das Herzensgebet. Die Centurie der Mönche Kallistus und Ignatius. München 1955.

Hesychasmus (griech. ‚hesychia', Ruhe, Stille), eine bereits im morgenländischen Mönchtum der ersten Jahrhunderte beheimatete, dann vornehmlich in der Ostkirche gepflegte Frömmigkeitshaltung, bei der der Betende in gesammeltem Schweigen vor Gott verharrt. Ihm gibt er sich ganz anheim, unter völligem Verzicht auf das egogesteuerte Tun oder Begehren. Während Johannes Klimakus (gest. 650) erklärt: „Hesychast ist, wer Unkörperliches im Körperlichen zu fassen sucht", definiert Gregor Palamas (gest. 1359): „Hesychia ist Stillesein des Geistes und der Welt, Vergessen des Niedrigen, geheimnisvolles Erkennen des Höheren, das Hingeben der Gedanken an etwas Besseres, als sie selber sind. So schauen die, die ihr Herz durch solch heiliges Schweigen (Hesychia) gereinigt und sich auf unaussprechliche Weise mit dem alles Denken und Erkennen übersteigenden Lichte vereinigt haben, Gott in sich selbst wie in einem Spiegel." Im Geist des H. wurde und wird das → Herzensgebet gepflegt, und zwar ohne daß es einer bestimmten konfessionellen Bindung bedarf. Johannes Cassian (gest. ca. 430) brachte den H. in den Westen und befruchtete so das geistliche Leben im abendländischen Mönchtum.

Lit.: I. Smolitsch, Leben und Lehre der Starzen. Köln – Olten o.J.; E. Jungclaussen, Aufrichtige Erzählungen eines russischen Pilgers. Freiburg 1974; J. Cassian, Spannkraft der Seele. Freiburg 1981; ders., Aufstieg der Seele. Freiburg 1982; ders., Ruhe der Seele. Freiburg 1984.

I

I Ging (I Ching), das altchinesische „Buch der Wandlungen“. Ihm wird ein mehr als dreitausendjähriges Alter zugesprochen. Ursprünglich diente es ausschließlich zu Orakelzwekken. Heute kommt noch eine andere Funktion hinzu. Man benutzt es, um Einblicke in die Gesetze der Wandlungen zu erlangen, denen alles unterworfen ist. Des weiteren vermittelt das I. G. ein Wissen um Inhalte des → Unbewußten. „Das I. G. verbindet Intuition und Erfahrungswissen, indem es uns dazu anleitet, beides mittels einer folgerichtigen Methode auf eine gegebene Situation anzuwenden. Wir müssen dabei nicht nur von unserem Verstand Gebrauch machen (was uns vor einer allzu emotionalen Betrachtungsweise und bloßem Wunschdenken schützt), sondern wir bleiben auch frei in unseren Entscheidungen und für diese voll verantwortlich. Diese Eigenschaft erhebt das I. G. in den Rang einer heiligen (exakter: esoterischen) Wissenschaft und macht es als Lebensphilosophie praktikabel. Dadurch unterscheidet es sich von einem bloßen Wahrsagesystem, das den Menschen seines freien Willens beraubt und ihn als Spielball eines Schicksals betrachtet, welches seine Zukunft vorausbestimmt, ohne daß er selbst darauf irgendeinen Einfluß ausüben könnte“ (Anagarika Govinda). In dieser Hinsicht ist das I. G. eine wichtige östliche Entsprechung zu dem nach anderen Gesetzmäßigkeiten arbeitenden (westlichen) → Tarot. Wie dieses hat es weltweite Verbreitung gefunden. In der → Analytischen wie in der → Transpersonalen Psychologie findet es Anwendung, insofern es sowohl im diagnostischen wie im psychotherapeutischen Bereich einsetzbar ist. Wichtige Pionierarbeit bei der Einführung in Europa leistete der evangelische Theologe und Sinologe Richard Wilhelm, gefolgt von seinem Sohn Hellmut. C. G. Jung und seine Schüler erkannten die Bedeutung dieses fernöstlichen Weisheitsbuches und unterstützten auf diese Weise die Einbürgerung im Westen. John Blofeld und Lama Anagarika Govinda sorgten für eine weitere Vertiefung des Verständnisses. – Befragt wird das I.G. in der Regel mit Hilfe von 50 Schafgarbenstengeln bzw. mittels dreier Münzen. Durch mehrmaligen Wurf der Münzen bzw. durch unwillkürliche Aufteilung der Stengel wird nach bestimmtem Grundsatz ein (bzw. einige) Hexagramm(e), bestehend aus sechs waagrecht angeordneten ganzen oder geteilten Strichen, ermittelt. Mindestens 64 Variationsmöglichkeiten bestehen. Diese 64 Hexagramme, ihr Sinn sowie die begleitenden Kommentare sind im I.G. verzeichnet. Die archaischen Texte bedürfen einer sorgfältigen Interpretation, um zu erfahren, was das I.G. zu der eingangs gestellten, in gesammelter Haltung bedachten Frage zu sagen hat. C. G. Jung, der in wichtigen Situationen seines Lebens das (er sagte: den) I.G. befragt hat und sich mit den Problemen der Gleichzeitigkeit (Synchronismus) beschäftigte, wie sie im „Zufall" in Erscheinung treten, stellte fest: „... daß jeder, der das Orakel befragt, so handelt, als ob ein notwendiger Parallelismus von innerem und äußerem, psychischem und physikalischem Geschehen bestünde, und indem er dem Resultat seiner Befragung auch nur die geringste Bedeutung beimißt, sich schon zugunsten einer solchen Möglichkeit entschieden hat."

Lit.: I Ging. Das Buch der Wandlungen, aus dem Chinesischen übertragen und erläutert von R. Wilhelm (1924). Köln 1967ff.; I Ging, in neuer, zeitgemäßer Übertragung von J. Blofeld. München – Bern 1983; U. Diederichs (Hrsg.), Erfahrungen mit dem I Ging. Köln 1984; A. Govinda, Die innere Struktur des I Ging. Freiburg 1983; D. F. Hook, I Ging für Fortgeschrittene. Köln 1983; C. G. Jung, Vorwort zu I Ging, in: Jung, Gesammelte Werke Bd. 11; H. Wilhelm, Die Wandlung. Acht Essays zum I Ging. Zürich 1958.

Illuminaten (lat. „illuminatio", Erleuchtung; illuminati", die Erleuchteten), im allgemeinen esoterischen Kontext, seien es die →Mysterien des Altertums oder neuzeitliche, auf →Einweihung basierende Gemeinschaften, die Bezeichnung für Menschen, die eine spirituelle Erleuchtung erlangt haben. Davon abgehoben und historisch gesehen bezeichnet der Terminus I. die von dem bayerischen Professor der Rechte Adam Weishaupt (1748–1830) im Jahre 1776 in Ingolstadt begründete Geheimgesellschaft. Ihr Ziel war es, im Geist der nach dem „natürlichen System“ arbeitenden Aufklärung gegen all jene traditionellen Bestrebungen aufzutreten, die das Einweihungswissen weiterpflegten oder die in angeblich abergläubischer Weise an der Religion festhielten. In diesem Fall handelte es sich um die Jesuiten, im anderen um Bewegungen wie die zeitgenössischen Gold- und Rosenkreuzer (→Rosenkreuzer), ferner um die mystisch orientierte →Freimaurerei des 18. Jahrhunderts. Der I.-Orden wurde 1884 durch ein Dekret des bayerischen Staates wie alle Geheimgesellschaften verboten. Doch lebte er gegen Ende des 19. Jahrhunderts unter Verfolgung anderer Ziele wieder auf, und zwar im Rahmen bisweilen fragwürdiger okkultistischer Konventikel. Die Weishauptsche Gründung kannte ein Gradsystem, wobei die unteren Grade der Mitgliedschaft nicht von den eigentlichen antikirchlichen, auch antimonarchistischen Tendenzen erfuhren. Dabei gelang es, Persönlichkeiten wie Goethe, Pestalozzi, K. von Eckartshausen zu gewinnen.

Lit.: R. van Dülmen, Der Geheimbund der Illumination. Stuttgart 1975; K. R. H. Frick, Weltanschauungen des modernen Illuminismus, in: Kursbuch der Weltanschauungen. Frankfurt – Berlin 1980, S. 245–300; H. Grassl, Aufbruch zur Romantik. München 1968; R. Chr. Zimmermann, Das Weltbild des jungen Goethe. Studien zur hermetischen Tradition des deutschen 18. Jahrhunderts I/II. München 1969f.

Imagination (lat. „imago“, Bild), wird in spirituellen Zusammenhängen in unterschiedlicher Weise verwendet, um zum Ausdruck zu bringen, daß eine Bildvorstellung das →Bewußtsein erfüllt. Die →Analytische Psychologie praktiziert die von C. G. Jung entwickelte →Aktive I. als eine Weise meditativer Betätigung mit psychotherapeutischer Zielsetzung. In der →Anthroposophie bezeichnet I. einen Bewußtseinszustand, der „oberhalb“ des gegenständlichen Erkennens und damit des Tagesbewußtseins liegt. Unter diesem Gesichtspunkt ist I. eine Bewußtseinsstufe, der weitere übergeordnet sind: →Inspiration und →Intuition. In der Anthroposophie soll nach

R. Steiner die imaginative Erkenntnis als eine solche aufgefaßt werden, „welche durch einen übersinnlichen Bewußtseinszustand der Seele zustande kommt. Was in diesem Bewußtseinszustande wahrgenommen wird, sind geistige Tatsachen und Wesenheiten, zu denen die Sinne keinen Zugang haben. Weil dieser Zustand in der Seele erweckt wird durch die Versenkung (→Meditation) in Sinnbilder oder ‚Imaginationen', so kann auch die Welt dieses höheren Bewußtseinszustandes die imaginative und die auf sie bezügliche Erkenntnis die imaginative genannt werden ... Auf den Inhalt der Vorstellungen, welcher das imaginative Erleben erfüllen, kommt nichts an; dagegen alles auf die Seelenfähigkeit, die an diesem Erleben herangebildet wird" (R. Steiner, Die Geheimwissenschaft im Umriß). Eine Entsprechung zu dem mit I. Gemeinten stellt – im Bereich des Alltagsbewußtsein – die Erinnerung dar: Dabei wird ein Bild angeschaut, ohne daß es im Moment der Erinnerung der äußeren Realität bedarf, die erinnert wird. In der spirituellen Literatur, in Mythen und heiligen Schriften spielen I. eine große Rolle, so auch in der →Bibel, d.h. immer wieder werden Berichte gegeben, die nicht als historische Begebenheiten in Raum und Zeit zu beurteilen sind, sondern denen der Charakter von I. zuerkannt werden muß, sofern nicht die Ebene von Inspiration oder Intuition gemeint ist.

Lit.: R. Steiner, Die Geheimwissenschaft im Umriß (1910). Dornach 1960ff.; E. Bock, Das Evangelium. Stuttgart 1984.

Individuation, Selbstwerdung, →Selbst-Verwirklichung, ist einerseits ein zielgerichteter Entwicklungsprozeß, dem alles Lebendige unterworfen ist, speziell der Mensch; andererseits handelt es sich um einen zentralen Begriff der archetypischen Psychologie C. G. Jungs (→Analytische Psychologie). Als solcher ist er für die Esoterik bedeutsam. Er ist insofern archetypischer Natur, als I. Wandlungs- und Reifungsvorgänge beinhaltet, die überall dort eine Rolle spielen, wo es um das Beschreiten eines →inneren Wegs, um →Einweihung und →Initiation geht. In seiner Gesamtheit ist der Prozeß der I. „ein spontaner, natürlicher und autonomer, jedem Menschen potentiell mitgegebener Ablauf innerhalb der Psyche, wenn er sich dessen auch zumeist unbewußt ist. Er bildet, insofern er nicht durch besondere Störungen gehindert, gehemmt oder verborgen wird, die psychische Parallele zum Wachstums- und Alterungsprozeß des Körpers. Unter bestimmten Umständen, so in der praktisch-psychotherapeutischen Arbeit, kann er durch verschiedene Methoden angeregt, intensiviert, bewußt gemacht, bewußt erlebt und verarbeitet werden ..." (J. Jacobi). Das setzt die Auseinandersetzung mit dem → Unbewußten, mit den dunklen und verborgenen Wesensseiten („Schatten", „Animus" bzw. „Anima") voraus und führt zu einem Zugewinn an Bewußtheit. Obwohl es sich um einen „inneren Prozeß" handelt, gehört doch die Totalität des Lebens, das Ja-Sagen zu den Problemen, den Schmerzen und Leiden menschlicher wie mitmenschlicher Existenz hinzu. In der Regel ist in den Krisen und an den Lebenswendepunkten ein Helfer mit den Erfahrungen eines → Meisters (etwa in Gestalt eines Therapeuten oder eines lebenserfahrenen, wissenden Menschen) von großem Nutzen, da es um eine „Initiation in die innere Wirklichkeit" geht, die nicht wenigen Menschen um die und nach der Lebensmitte große Schwierigkeiten bereitet.

Lit.: J. Jacobi, Der Weg zur Individuation. Zürich 1965; G. Wehr, Der Begriff der Individuation bei C. G. Jung, in: Die Psychologie d. 20. Jahrhunderts. Zürich 1977.

Initiation (lat. „initium", Anfang, Eintritt), steht in der → Esoterik als ein Prozeß bzw. Akt der → Einweihung am Anfang eines → inneren Wegs. In der Regel wird eingeweiht bzw. initiiert, wer bereits bestimmte Stufen der Vorbereitung, der Reinigung und der Reife bzw. der Prüfung und Bewährung durchlaufen hat. Dann erst erfolgt die Aufnahme in die betreffende esoterische Gemeinschaft. Das geschieht bisweilen im Zusammenhang damit, daß der Initiierte mit den besonderen Geheimnissen, Erkenntnissen, Symbolen, geheimen Formeln (→ Mantra) u.ä. bekannt gemacht wird. Es liegt in der Natur der Sache, daß der Charakter eines solchen I.-Geschehens von der Wesensart und spirituellen Qualität der betreffenden Instanz abhängt, die eine I. vornimmt. So kannten die → Mysterien der Antike ein differenziertes, freilich nur noch in Bruchstücken bekanntes Zeremoniell der Einweihung. In den ersten Jahrhunderten, in denen das → Christentum Anlaß hatte, sein sakramentales Leben sowie sein Glaubensgut vor Mißbrauch und Verfälschung zu schützen (→ Arkandisziplin), erfüllte die Taufe die Funktion eines mysterienhaften I.-Ritus. Die Symbole des mystischen Sterbens und des Erwecktwerdens bzw. des zum Licht Geführtwerdens sind in späteren geheimen bzw. geschlossenen Gemeinschaften übernommen worden (→ Freimaurer). I. im Vollsinn des Wortes erschöpft sich jedoch nicht in der Handhabung geheimnistuerisch scheinender Praktiken, um Unerwünschte auszuschließen. Vielmehr geht es im Ansatz darum, den zu Initiierenden – gegebenenfalls in einem spontanen Durchbruchserlebnis – aus dem alltäglichen Bewußtseinszustand herauszuheben, sein → Bewußtsein qualitativ zu erweitern. In mehrteiligen Vortragszyklen hat sich z. B. R. Steiner mit „I.-Erkenntnis" (1923) und mit dem „Initiaten-Bewußtsein" (1924) beschäftigt, indem er darin auf Erlebnismöglichkeiten einging, die durch I. (im Sinne der → Anthroposophie) eröffnet werden. „Der Mensch kommt dazu, daß seine vorhergehende, abstrakte, rein ideelle Gedankenwelt von einer innerlichen Lebendigkeit durchzogen wird. Dadurch stehen vor ihm nicht mehr die unlebendigen Gedanken, ... sondern eine innere lebendige Kraftwelt, welche er so fühlt, wie er sonst sich durchpulst fühlt von seinem Blute oder durchströmt von seinem Atem. Es handelt sich also darum, daß das ideelle Element des Denkens übergeht in ein reales, das innerlich erlebt wird" (R. Steiner, Initiationserkenntnis, Vortrag v. 20. 8. 1923).

Lit.: V. Popp (Hrsg.), Initiation. Frankfurt 1969; R. Steiner, Das Initiaten-Bewußtsein. Dornach 1960; ders., Initiationserkenntnis. Dornach 1960; A. Mellor, Logen, Rituale, Hochgrade. Graz 1967.

Initiatische Therapie (IT) ist die von Karlfried Graf Dürckheim (geb. 1896) und seiner Lebensgefährtin, der Psychologin Maria Hippius nach dem Zweiten Weltkrieg in Todtmoos-Rütte/

Schwarzwald entwickelte Therapieweise, die gleichzeitig einen Weg der Erkenntnis und der Persönlichkeitsreifung darstellt. Dürckheim verbindet in der I. T. westliche und fernöstliche Elemente, einerseits die an C. G. Jung orientierte archetypische Psychologie, andererseits →Meditation „im Stil des →Zen". Hinzutreten verschiedene westliche und östliche Formen der Leibarbeit. Die „Existential-psychologische Bildungs- und Begegnungsstätte – Schule für I. T." in Rütte hat im Laufe der Jahre zahlreiche Ableger im internationalen Maßstab gefunden. Die I. T. führt über den →Individuations-Prozeß zu einer Weise der →Selbst-Verwirklichung, in der die „Transparenz für Transzendenz" zur Erfahrungstatsache wird und im Alltagsleben des einzelnen umgesetzt werden soll. Zur Orientierung gehört dabei das Wissen um den „doppelten Ursprung des Menschen", der einerseits in seiner naturgebundenen irdischen Welt verwurzelt, andererseits für die überirdisch-transpersonale Dimension geöffnet wird bzw. geöffnet werden soll. „Mit dem Innewerden des Wesens erkennt der Mensch sich als Bürger zweier Welten: dieser raumzeitlich begrenzten und bedingten Welt und einer anderen, überraumzeitlichen, unbedingten Wirklichkeit. Beide Seiten gehören zur Ganzheit des Menschen. Sie je in ihrem Anliegen zu erkennen und zuzulassen, ihre Gegensätzlichkeit zu durchleiden, zuletzt ihre Integration zu ermöglichen und eben darin Voll-Person zu werden, das ist Auftrag und Sinn des →inneren Weges" (Dürckheim).

Lit.: K. Graf Dürckheim, Erlebnis und Wandlung. München 1978; ders., Überweltliches Leben in der Welt. Weilheim 1968; ders., Vom doppelten Ursprung des Menschen. Freiburg 1973; R. Müller, Wandlung zur Ganzheit. Freiburg 1981; G. Wehr, Karlfried Graf Dürckheim – Biographie. München 1988.

Innerer Weg, er bezeichnet Bemühungen, die darauf gerichtet sind, zur eigenen Wesensmitte, zur Selbstfindung und Selbstverwandlung, religiös gesprochen: zur Gottesbegegnung zu gelangen bzw. sie vorzubereiten. Dazu haben die Religionen und spirituellen Traditionen in Geschichte und Gegenwart vielfältige Anregungen gegeben, z. B. auf dem Weg der →Meditation, unterstützt durch bestimmte Körperhaltung und Atembeherrschung. Religiöse →Ordensgemeinschaften haben unterschiedliche Formen der Seelenführung entwickelt. Die →Mystik unterscheidet Stufen des i. W. Die →Transpersonale Psychologie bezieht →Erfahrungen in ihre Forschungen ein, die auf dem i. W. gewonnen wurden. Bei der Wahl eines solchen Weges ist darauf zu achten, daß er der heutigen Bewußtseinslage des westlichen Menschen angemessen ist. So sind bewußtseinsdämpfende, suggestive, Illusionen erzeugende, die individuelle Freiheit beeinträchtigende Faktoren fernzuhalten. Nicht zu unterschätzen ist die Bereitschaft, innere und äußere Widerstände – bis hin zur Schicksalsbejahung und Leiden – zu akzeptieren.

Lit.: R. Otto, West-östliche Mystik. München ³1971; H. Enomiya-Lassalle, Zen und christliche Mystik. Freiburg 1986; D. T. Suzuki, Der westliche und der östliche Weg. Frankfurt 1971; W. Johnston, Der ruhende Punkt. Freiburg 1975; G. Wehr, Der innere Weg. Reinbek 1983.

Inspiration (lat. „spirare", hauchen), im allgemeinen die Vorstellung, daß ein geistiger Inhalt nicht selbst erdacht, sondern empfangen worden ist. Die mythischen bzw. religiösen Überlieferungen kennen vielfältige Formen solcher Kundgaben, sei es, daß einem Menschen im Traum eine Botschaft erteilt wird, sei es, daß ihn die Musen zu einer Dichtung inspirieren, sei es, daß →Engel als Gottesboten bzw. der Geist Gottes den Inspirierten mit bestimmten Offenbarungen erfüllen. Während die →Imagination eine übersinnliche Mitteilung in Bildgestalt (imago) meint, ähnelt die I. einer inneren Gehörwahrnehmung, etwa analog der „Stimme des Gewissens" oder in Anlehnung an die pythagoreische Anschauung der „Sphärenharmonien" bei Goethe: „Die Sonne *tönt* nach alter Weise in Brudersphären Wettgesang ..." – In der →Anthroposophie R. Steiners stellt die I. eine Stufe des erhöhten →Bewußtseins dar, das noch oberhalb der →Imagination zu denken ist. Im Rahmen des anthroposophischen Erkenntniswegs geht es darum, die spirituellen Übungen in einem bestimmten Stadium so einzurichten, daß die eigene bilderzeugende Seelentätigkeit transzendiert wird. Die auftauchenden inneren Bilder sind wieder zu löschen, indem man ein „leeres Bewußtsein" herstellt. Auf dieser Stufe legt sich ein Vergleich mit →Zen nahe, das bereits im Ansatz mit einer gegenstandslosen →Meditation (Zazen) arbeitet. Oberhalb der Stufe der I. liegt die anthroposophische Erkenntnisstufe der →Intuition. Analog zur Imagination spielen I. und Intuition in den Schilderungen religiöser Erfahrungen in Geschichte und Gegenwart eine große Rolle. Steiner selbst hat mehrfach darauf hingewiesen. Der anthroposophische Theologe Emil Bock hat diese Hinweise in seinen Auslegungen zum Neuen Testament in exemplarischer Weise fruchtbar gemacht.

Lit.: Vgl. →Imagination.

Intuition (lat. „intuor", etwas geistig betrachten, erwägen), gilt im allgemeinen als eine Erkenntnisart, bei der man auf einem Weg außersinnlicher Wahrnehmung bzw. einer nichtrationalen Betätigung zum Erfassen einer Wirklichkeit gelangt. In der Typenlehre der →Analytischen Psychologie gibt es I. als einen besonderen seelischen Funktionstypus, neben dem Denk-, Fühl- oder Empfindungstypus. „Die I. ist diejenige psychologische Funktion, welche Wahrnehmungen auf unbewußtem Wege vermittelt ... Je nach der Verwertung der I. nach innen, ins Erkennen oder innere Anschauen, oder nach außen ins Handeln und Ausführen, kann man introvertierte und extravertierte Intuitive unterscheiden" (C. G. Jung, Psychologische Typen. Definitionen). – In der →Anthroposophie entspricht die I. einer Stufe des erhöhten →Bewußtseins. Sie erstreckt sich oberhalb des normalen, alltäglichen Gegenstandsbewußtseins, d.h. auch der →Imagination und →Inspiration. Kündigt sich eine geistige Tatsache oder Wesenheit auf der ersten Stufe übersinnlicher Wahrnehmung, also imaginativ (bildlich, symbolisch) an, so teilt sie sich auf der Stufe der Inspiration geistig mit, sie beginnt zu „sprechen", ihre Bedeutung geht einem auf. Auf der Stufe der I. schließlich kommt es zu einer wesenhaften Berührung und zu einem innigen Erfülltsein. Die Aufgabe dessen, der in den Zustand der I. gelangt, besteht darin, sich in voller Bewußtheit dem Geistigen, das ihm begegnet, zu stellen, in ungeteilter und doch seines

→Selbst bewußter Hingabe. Als konkretes Abbild des an sich nicht Darstellbaren läßt sich das sittliche Handeln in Freiheit ansehen, d. h. man wird tätig ohne äußere Gängelung und ungestört durch suggestiv wirkende Kräfte.

Lit.: Vgl. →Imagination.

J

Johannesevangelium. Prinzipiell muß die →Bibel in ihrer Gesamtheit als ein esoterisches, der →Inspiration entstammendes Buch angesehen werden. Unter den Evangelien hat das J. seit alters einen hohen Rang. Clemens von Alexandrien (2. Jahrhundert) bezeichnete es als ein „vom Geist inspiriertes, pneumatisches Evangelium“; Luther schätzte „das einige zarte rechte Hauptevangelium“; johanneisches Denken setzte wesentliche Akzente in der Religions- und Geistesgeschichte, nicht allein in Gestalt der großen theologischen Kommentare zum J. Die hohe Einschätzung spiegelt sich nicht zuletzt in den Beiträgen der →Anthroposophie R. Steiners und seiner theologischen Schüler, die intime Kompositionsfiguren und Strukturgeheimnisse sichtbar gemacht und die →Meditation des J. (speziell F. Rittelmeyer) angeregt haben.

Lit.: W. Grundmann, Zeugnis und Gestalt des Johannesevangeliums. Stuttgart 1961; Chr. Rau, Struktur und Rhythmus im Johannesevangelium. Stuttgart 1972; F. Rittelmeyer, Meditation. Stuttgart 1982 (Neuaufl.); R. Steiner, Das Johannesevangelium. Dornach [10]1981.

K

Kabbala (hebr. „Überlieferung"), ist der Sammelbegriff für ein reich ausgebildetes mystisch-esoterisches Überlieferungsgut des Judentums, das dazu bestimmt ist, die spirituelle Tiefendimensioin des Alten Testaments zu bedenken und den in der Schrift verborgenen Sinn den dafür Gereiften, Würdigen zu enthüllen. Aus den alten Traditionen mündlicher Überlieferung schöpfend, taucht die K. im Spanien und Südfrankreich (Provence) des 13. Jahrhunderts auf und entfaltet ein vielfältiges Schrifttum. Als Hauptwerk ist der umfängliche →Sohar anzusehen. Ihm gingen freilich ältere, wesentlich kürzere Texte voraus, wie das „Buch Bahir", d.h. eine Sammlung von Aussprüchen und Kurzvorträgen zu Bibelworten sowie das „Buch der Schöpfung" (Sefer Jezira), das von den zehn Urzahlen (→Sefiroth) als Ausdruck für die einzelnen Stufen göttlicher Wesensmitteilung und Schöpfung kündet. Kabbalist ist, wer sich ganz und gar der mystischen Übung und dem Studium der K. widmet. „Die K. kann als eine Wissenschaft von Israels Leben und gleichzeitig als eine Wissenschaft vom kosmischen Leben angesehen werden. Sie stellt nämlich eine enge Beziehung zwischen dem Leben des einen und dem Leben des anderen her", – freilich so, daß der jüdische Mystiker auch im Zustand der Ekstase und des bei Gott Seins die Distanz zwischen dem unnennbaren „Allheiligen" und sich, dem Geschöpf, aufrecht erhält. „So wie die Wissenschaft unserer Tage in ihrer vorherrschenden Tendenz, unterscheidet die K. am Uranfang der Zeiten ein unstoffliches Prinzip der Welt. Dieses Prinzip macht sich zuerst durch das Licht geltend. Es verdichtet sich dann allmählich, um sich in feste Masse zu verwandeln. Aber dieser Stoff löst sich seinerseits auf, um sich nach und nach in Licht zurückzuverwandeln" (A. Safran), – eine Vorstellung, die auch aus anderen esoterischen Zusammenhängen bekannt ist. Als jüdische → Mystik hat die K. verschiedene Entwicklungsepochen aufzuweisen, um deren Erforschung sich im 20. Jahrhundert vor allem G. Scholem verdient gemacht hat. Andererseits hat die K. eine Reihe von Möglichkeiten des Umgangs und der Interpretation der Schrift angewandt, um an tiefer liegende Geheimnisschichten der heiligen Texte, gleichsam zu einer spirituellen Auslegung der → Bibel zu gelangen. „Die K. war im wesentlichen das Privilegium der Eingeweihten geblieben, die den Weg einer immer tieferen Versenkung in die Geheimnisse der Gottheit gingen ... Nicht in den Endpunkt allen Geschehens, nicht so sehr in den messianischen Abschluß der Geschichte suchte der Kabbalist mit der letzten Intensität einzudringen, sondern vielmehr in seinen Ausgangspunkt; ... er grübelte mehr über die Erschaffung der Welt als über deren Erlösung. Nicht das Vorwärtsstürmen durch die Geschichte, um ihre Krise und Katastrophe zu beschleunigen, sondern viel eher das kontemplative Zurückwandern aus dem Historischen zu jenen Uranfängen der Schöpfung und Offenbarung ... schien hier am ehesten Erlösung zu verbürgen" (G. Scholem). Zu dieser „theoretischen K." tritt später die sogenannte „praktische K." hinzu, mit deren Hilfe unter Einsatz geheimnisvoller Gottesnamen, der Anfertigung von Amuletten udgl. magische Wirkungen erzielt werden sollten (→ Magie). Weitreichende Bedeutung erlangt die K. auf dem Feld der christlichen → Theosophie, und zwar bis hin zur Ausgestaltung einer → christlichen K.

Lit.: G. Scholem, Die jüdische Mystik in ihren Hauptströmungen. Frankfurt 1957; ders., Ursprung und Anfänge der Kabbala. Berlin 1962; ders., Zur Kabbala und ihrer Symbolik. Zürich 1960; A. Safran, Die Kabbala. Bern 1966.

Katharer (griech. „katharoi", die Reinen), eine religiöse Bewegung mit deutlichen gnostisch-manichäischen Einschlägen (→ Gnosis, → Manichäismus), die sich im 12. Jahrhundert vor allem in Südfrankreich, aber auch im Rheingebiet und in Norditalien ausbreitete, einerseits motiviert durch die skandalöse Verweltlichung von Kirche und Klerus, andererseits beeinflußt durch das auf dem Balkan beheimatete dualistische

Gedankengut, das Kaufleute und zurückkehrende Kreuzfahrer vermittelt haben werden: Ein guter Gott hat die lichte, geistige Welt geschaffen, der die menschliche Seele entstammt; Schöpfer der sichtbaren, materiellen Welt ist dagegen ein böser Gott. Es tobt ein Streit, den Christus, unterstützt von Michael als dem Erzengel der Sonne, gegen Satan und die Macht der Finsternis ausrichtet. Durch weitgehende Askese gilt es, sich von der Befleckung durch die materielle Welt freizuhalten und jede Tat zu meiden, die geeignet ist, die Seele an die Materie zu fesseln. – Ähnlich den Manichäern übten die K. eine →Arkandisziplin. Sie ergibt sich bereits aus der Scheidung der Gemeinschaft in Eingeweihte bzw. Vollkommene (perfecti bzw. parfaits), die mit letzter Konsequenz den Weg der Nachfolge gehen, und in den Stamm der gewöhnlichen Gläubigen (credentes bzw. croyants), die eine gemäßigte Form das Katharertums praktizieren. Ein Eingeweihter (parfait) wurde man nach längerer Probezeit mit anschließender Ordination. Die spezielle →Initiation wurde in Gestalt des Consolamentum („Tröstung") vollzogen. Dieses katharische Ritual läßt sich als eine Kombination von Taufe, Firmung, Ordination, Beichte, Buße und Sündenvergebung verstehen. Ziel ist die Erscheinung des Parakleten („Trösters") als des Geistes der Wahrheit, den Christus (gem. Joh 15,26) seiner Gemeinde verheißen hat. Ähnlich wie die Gnostiker und Manichäer in der Antike, so erblickte die Kirche im Mittelalter in den Katharern den Prototyp des Ketzers, weshalb sie alle diese Bewegungen blutig verfolgte und der gnadenlosen Vernichtung preisgab. Zwischen 1209 und 1229 organisierte sie Kreuzzüge, die als die berüchtigten „Albigenserkriege" in die Geschichte eingingen. 1244 fiel die letzte Bergfestung der K. auf dem Montségur in den Pyrenäen. Wenn auch die Bewegung der K. so gut wie ausgerottet wurde, so lebte die von ihnen gepflegte Spiritualität des Katharismus weiter. Sie übte und übt nach manchem Gestaltwandel bis heute eine erstaunliche Faszination aus, insbesondere im einstigen südfranzösischen Verbreitungsgebiet, wo zahlreiche Orte, Höhlen, Burgruinen udgl. an die Aufenthaltsorte dieser bedeutendsten Ketzerbewegung des 13. Jahrhunderts erinnern. Dagegen bestreitet die historische Kritik die z.B. von Otto Rahn vorgetragene Hypothese, wonach das Symbol des →Grals unmittelbar aus dem Katharertum herausgewachsen sei und in den Personen der Gralsdichtungen sich K.-Persönlichkeiten des provencalischen Adels entdecken lassen. Dennoch legt die esoterische Betrachtung eine Zusammenschau der Phänomene nahe, die einerseits die Spiritualität der K., andererseits des Grals, der südfranzösischen Troubadourbewegung und „Minnekirche" (→Fideli d'Amore) sowie späterer Strömungen umfaßt. Die K. setzten weithin leuchtende Zeichen; daher sind sie aus der Geschichte des esoterischen Christentums nicht wegzudenken.

Lit.: L. Baier, Die große Ketzerei. Verfolgung und Ausrottung der Katharer durch Kirche und Wissenschaft. Berlin 1984; A. Borst, Die Katharer. Stuttgart 1953; M. Eliade, Geschichte der religiösen Ideen III,1. Freiburg 1983; M. Lambert, Ketzerei im Mittelalter. München 1981; O. Rahn, Kreuzzug gegen den Gral. Die Tragödie des Katharismus (1933). Stuttgart 1964; E. Roll, Die Katharer. Stuttgart 1979; G. Wehr, Esoterisches Christentum. Stuttgart 1975.

Ketzer(ei). Das Wort ist wahrscheinlich von →Katharer abgeleitet und bezeichnet wie →Häresie eine entschiedene Abweichung von einer Lehre, speziell von dem als normsetzenden rechtgläubigen Dogma. Geschichtlich gesehen, ist nicht nur der Übergang zwischen Rechtgläubigkeit und K. im frühen Christentum fließend. Oftmals stellt auch die christliche Esoterik ein Kapitel der K.-Geschichte, genauer: der Geschichte kirchlicher K.-Bekämpfung dar. Betroffen waren bereits die zahlreichen Häretikergruppen im frühen Christentum, darunter vor allem die Vertreter der →Gnosis, des →Manichäismus, im Mittelalter als Inbegriff der K. die Katharer. →Arkandisziplin, Sonderlehren und spezielle Kultpraktiken leisteten der staatlich geförderten K.-Bekämpfung erheblichen Vorschub. Selbst namhafte Mystiker (Meister Eckhart, Jakob Böhme) wurden als K. angeklagt und verfolgt, bzw. in ihrem Tun beeinträchtigt. Andere, z.B. Johann Arndt, der Autor der →Rosenkreuzer-Schriften, J. V. Andreae, hatten Mühe, ihre protestantischen Zeitgenossen und kirchlichen Vorgesetzten ihrer Rechtgläubigkeit zu vergewissern. Ein übriges taten staatliche und (staats-)kirchliche Zensur, um unerwünschte bzw. mißdeutbare Autoren auszuschalten. So gesehen ist es nicht sehr verwunderlich, daß Esoteriker(innen) samt den Zeugnissen ihrer besonderen Erfahrungen und Erkenntnisse Argwohn erzeugten.

Lit.: Vgl. → Häresie.

Kontemplation (lat. „contemplari", beschauen, in einem templum, d.h. an einem Ort der Weihe und Gottesgegenwart verharren). Es ist jene Stufe bzw. Intensität innerer, betender Betrachtung, bei der Konzentration und → Meditation gleichsam zum Höhepunkt reinen Empfangens, voller Hingabe und seliger Schau gelangt. Im Sinne der mystisch berührten Philosophie Plotins: „Der Geist verharrt unbeweglich, ins Schauen versunken; er blickt auf nichts anderes als auf das absolut Schöne, ihm wendet er sich ganz zu und gibt sich ihm ganz hin, stillestehend und gleichsam mit Kraft erfüllt" (Plotin, Enneaden V 5,8). Auch die christliche → Mystik (Bernhard von Clairvaux; Franz von Sales) bedient sich dieser Bezeichnung. Die anonym verfaßte „Wolke des Nichtwissens" (Cloud of Unknowing, England 14. Jahrhundert) behandelt diese Weise spiritueller Erfahrung, wenn sie (Kap. 71) von Menschen spricht, „die so mit Gnade und Geist erfüllt und so innig mit Gott in dieser Gnade der K. verbunden sind, daß sie in normaler seelischer Verfassung dazu kommen, wann sie wollen, ob sie nun stehen oder gehen, sitzen oder knien. Und gleichzeitig bleiben sie all ihrer Sinne vollkommen mächtig, sowohl der leiblichen als auch der geistigen, und sie können diese gebrauchen, wie sie wollen, zwar nicht völlig ohne Behinderung, doch ohne große Behinderung." Diesem Zustand des erleuchteten, zugleich gesteigerten Tagesbewußtseins, des Verweilens in der Gottesgegenwart, das dem ostkirchlichen → Hesychasmus wohlvertraut ist, steht die Zuwendung zu den Pflichten und Verantwortlichkeiten eines Menschen gegenüber, der ganz in der Zeit lebt, um – mit Meister Eckhart – „Gott in allen Dingen" zu ergreifen. Frère Roger Schutz von Taizé hat die Zusammengehörigkeit beider Seinsweisen auf die knappe Formel gebracht: „Kampf und K.“ Ihr entspricht Sinn und Ziel christlicher Esoterik, wobei die K. bzw. die Meditation dem Kampf bzw. der Aktivität vorgeordnet sein muß: Ohne Sammlung keine Sendung!

Lit.: W. Jäger, Kontemplation. Gottesbegegnung heute. Salzburg 1982; ders., Gebet des Schweigens. Salzburg 1984; F. Melzer, Konzentration, Meditation, Kontemplation. Kassel 1974. K. Tilmann, Die Führung zur Meditation I/II. Zürich–Köln [6]1974; 1978; K. Thomas, Meditation in Forschung und Erfahrung in weltweiter Beobachtung und praktischer Anleitung. Stuttgart 1973.

L

Lapis philosophorum (lat. „Stein der Weisen"), Höhepunkt und spirituelles Ziel des alchemistischen Prozesses (→Alchemie), zugleich Bezeichnung für diejenige geistig-physische Substanz, von der eine verwandelnde und veredelnde Kraft ausgeht. Die Alchemisten sprachen in höchster Ehrfurcht vom L. P., indem sie für ihn immer neue Symbolbezeichnungen und Gleichnisse verwandten, um den einzigartigen hohen Rang des Erstrebten (meist nur Geglaubten!) jedoch kaum je Verwirklichten bildhaft anzudeuten. Solche Benennungen sind z. B.: Sohn des Makrokosmos (filius macrokosmi), Lebenselixir (elixir vitae), Stoff, der ähnlich dem geweihten Brot und Wein in der Hl. Messe Unsterblichkeit verleiht (phármakon athanasías), Erlöser und damit Ebenbild Christi (auf die Lapis-Christus-Parallele machte C. G. Jung vielfach aufmerksam), Eckstein im Tempelbau Gottes; schließlich meinte man im L. P. eine Analogie zu Gott erblicken zu können, nämlich als einen Stein, der gleich einer Jungfrau durch den Hl. Geist empfängt, aus sich selbst heraus schwanger wird, um sich selbst (d. h. ihr bzw. sein wahres →Selbst) zu gebären. Die alchemistischen Autoren berichten immer wieder, daß es glaubwürdige Zeugnisse für das In-Erscheinung-Treten des L. P. gebe, was darauf hindeutet, daß die in den geheimen Künsten geübte →Arkandisziplin jener erwähnten Symbolbildung bedarf, um das →Mysterium zu schützen. Denn wer die Schilderung allzu wörtlich nimmt, der verfehlt den Sinngehalt des alchemistischen Werks als solchen. Es war C. G. Jung, der im Zusammenhang seiner Forschungsbeiträge zur →Analytischen Psychologie (u. a. in „Psychologie und Alchemie", „Mysterium Coniunctionis") die Herstellung des L. P. mit der Selbst-Werdung (→Individuation) identifiziert hat. Tatsächlich waren es die Alchemisten selbst, die sich der spirituellen Bedeutsamkeit ihres Tuns bewußt waren, wenn sie von der →Chymischen Hochzeit sprachen; d.h. sie rechneten damit, daß es nicht nur um die Herstellung einer bestimmten chemischen Substanz gehen könne, von der man sich heilende und veredelnde Einflüsse versprach, sondern die Menschwerdung des Menschen war immer mitgemeint: Seine Reifung und seine Vollendung entspreche letztlich der Herstellung des „Steins der Weisen". Der Paracelsist Gerhard Dorn (Dorneus) drückte das mit den Worten aus: „Wandelt *euch selbst* in lebendige philosophische Steine um!" Und noch Jakob Böhme bediente sich der alchemistischen Metaphorik, um den Aspekt der Wesenswandlung auszudrücken: „Wie die ewige Geburt in sich selber ist, also ist auch der Prozeß der Wiederbringung (→Wiedergeburt) nach dem (Sünden-)Falle, und also ist auch der Prozeß der Weisen mit ihrem L. P.; es ist kein Punkt im Unterschied dazwischen, denn es ist alles aus der ewigen Geburt geurständet und muß alles eine Wiederbringung auf einerlei Weise haben" (J. Böhme, De signatura rerum, 7,73 ff).

Lit.: Vgl. →Alchemie; ferner Hermetisches ABC vom Stein der Weisen I/IV (Berlin 1778). Schwarzenburg/Schweiz 1979.

Literatur, esoterisch-okkultistische. In ihrer weltweiten unüberschaubaren Fülle läßt sie sich unter sehr verschiedenen Aspekten betrachten. In einem weiteren Sinne gehören bereits die heiligen Schriften der Religionen zur e. L., insofern sie eine Bedeutung enthalten, die nur durch eine pneumatische bzw. spirituelle Interpretation zugänglich sind und die sich erst auf dem Weg der →Meditation erschließen (→Bibel). Zu einer solchen Vergegenwärtigung der spirituellen Dimension ruft insbesondere die →Mystik auf. Alle Disziplinen der →Esoterik, angefangen bei →Alchemie und →Astrologie bis hin zu epigrammartigen Koan-Texten im →Zen-Buddhismus verfügen über ein reiches Schrifttum mit Primärquellen und interpretierender, einführender Sekundärliteratur.

Lit.: Vgl. die genannten Verweis-Titel, ferner: →Aurora, →Christosophia, →Corpus Hermeticum, →Chymische Hochzeit Christiani Rosenkreutz; →I Ging; →Sohar; →Zierde der geistlichen Hochzeit u.ä.

M

Magie. Der aspektreiche, vor allem überaus schillernde Begriff bezeichnet die Umsetzung einer spirituellen Erkenntnis (→ Gnosis) in praktisches Tun. Innere Schau und → Erfahrung verbinden sich mit dem Willen. Je nach dem geistigen Zusammenhang, je nach Zielsetzung und Methodik ergibt sich die erforderliche Differenzierung. Prinzipiell zu unterscheiden sind die „weiße M.", bei der Menschen in selbstloser, absichtsfreier Weise tätig werden, von der „schwarzen M.", die darauf abgestellt ist, andere zu übervorteilen oder durch Verwünschungen, Verfluchungen udgl. zu schädigen. Geht es in der weißen M. darum, erleuchtende, segnende, heilende Kräfte freizusetzen – und Gedanken sind Kräfte! –, so bewegt sich die schwarze M. im Dunkelbereich egoistischer Zielsetzung und des Mißbrauchs von Fähigkeit und Macht. „Der Gebrauch des Wortes ‚M.' ist berechtigt, wenn man unter M. die Macht des Unsichtbaren und Spirituellen über das Sichtbare und Materielle versteht ... Die geheiligte M. ist die Macht der Liebe, geboren aus der Vereinigung des göttlichen Willens mit dem menschlichen Willen in der Liebe" (Anonymus, Die Großen Arcana des Tarot).

Lit.: Anonymus d'outre tombe, Die Großen Arcana des Tarot. Basel 1983, Bd. I, 54ff.

Manichäismus, die auf den Perser Mani (216–276/77) zurückgehende nachchristliche Religion, die einerseits christliches, zoroastrisches und buddhistisches Geistesgut vereinigt, und die andererseits eine materiefeindliche → Gnosis darstellt. Wie sie erblickt auch der M. im Geistigen das Lichte, Gute, in der Materie dagegen die Verkörperung des Bösen. Predigt und ethische Verwirklichung sind daraufhin ausgerichtet, den seine geistige Abkunft erkennenden Menschen ins Licht zurückzuführen und dadurch zu erlösen. Manichäisches Gedankengut fand in einer mehr als tausendjährigen Geschichte weite Verbreitung, und zwar als eines der bedeutendsten Konkurrenten der frühen Christenheit. Im 7. Jahrhundert stießen Sendboten Manis über Turkestan entlang den Seidenstraßen bis nach China vor. Aufschlußreich wurden die reichhaltigen Schriftenfunde mit manichäischer Literatur zu Beginn des 20. Jahrhunderts in Turfan sowie koptisch-manichäische Texte aus dem mittelägyptischen Medinet Madi/Faijum (1930). Nach Europa drang manichäisch-gnostisches Denken über den Balkan (Bogomilen) nach Norditalien und vor allem nach Südfrankreich ein. Durch die →Katharer (Albigenser) fand es im Mittelalter eine eigenständige Ausformung. In den Albigenserkriegen, den einzig „erfolgreichen" Kreuzzügen der Kirche, wurde das Katharertum zwar weitgehend zerschlagen, doch wie die Gnosis, so pflegen manichäische Vorstellungen von Zeit zu Zeit immer wieder aufzutauchen.

Lit.: A. Böhlig (Hrsg.), Der Manichäismus, in: Die Gnosis, Bd. III. Zürich 1980; G. Widengren, Mani und der Manichäismus. Stuttgart 1961; ders., Der Manichäismus (Wege der Forschung). Darmstadt 1977.

Mantra(m) (sanskr. „mantr", sprechen, heiliger Spruch; ferner unter anderer Ableitung: etwas, was befreit und schützt, wenn man es richtig meditiert), eine Lautkombination bzw. eine Kurzformel, der eine besondere magische Wirksamkeit zugesprochen wird, die man daher u.U. geheim hält, um deren Mißbrauch willen man sie schützen muß, ähnlich den Gottes- oder Engel-→Namen. Derartige M. dienen der häufig wiederholten Rezitation wie der →Meditation. Dies gilt für die im Osten meistgebräuchliche Silbe „Om" (in: Om mani padme hum), wobei auf die rechte Intonation jeweils besondere Aufmerksamkeit zu legen ist. Entscheidend ist die geistige Verfassung, in der dies geschieht, bedenkt man, daß der Sinngehalt eines M., sofern eine bestimmte Wortbedeutung vorliegt, von sekundärer Bedeutung ist. So wird z. B. von →Zen-Mönchen täglich das kleine Herz-Sutra rezitiert, das mit den eindrücklichen Worten endet: „Gate gate paragate parasamgate bodhi svaha".

Man nennt es das unübertreffliche M., das alle Leiden mindere. „Und obgleich es einen mehr oder weniger verständlichen Wortsinn hat – ‚Gegangen, gegangen, über alles hinaus, über alles ganz und gar hinausgegangen, Erleuchtung, Heil!' wird es wie andere M. ohne Bezug auf seinen Sinn gebraucht, da es eigentlich eine Anrufung der ... transzendentalen Weisheit ist" (J. Blofeld, Die Macht des hl. Lautes, S. 133). Diese östliche M.-Praxis erinnert an christliche Übungsweisen, etwa an das → Herzensgebet im ostkirchlichen → Hesychasmus; an die Empfehlung in → Wolke des Nichtwissens, möglichst ein einsilbiges, spirituell gefülltes Wort zu meditieren. In der → Gnosis benützte man bestimmte Paßworte, mit deren Hilfe man in die göttlich-geistige Welt aufzusteigen hoffte. Der Jesus-Name wurde und wird wie ein M. benützt. Analogien zu den östlichen Kurzformeln finden sich u.a. in den Grundschriften der → Rosenkreuzer.

Lit.: J. Blofeld, Die Macht des heiligen Lautes. Die geheime Tradition des Mantra. Bern – München 1978.

Meditation (lat. „meditari", üben; die gelegentlich gebrauchte Verdeutschung „zur Mitte führen" trifft wohl die Sache, entspricht aber nicht der ursprünglichen Wortbedeutung). M. gehört ins Zentrum des religiös-geistlichen Lebens wie der esoterischen Praxis. Ihre Grundhaltung ist die der „Innerung", d.h. der Sammlung wie der der Besinnung auf das „Eine, das not tut". „Der Meditierende nimmt den Gegenstand seiner M. in sein Inneres, in seine Mitte, in den zentralen Raum seiner Seele auf" (C. Happich). – „Meditieren heißt: einen Inhalt so in sich aufnehmen, daß er das Leben in den organischen, unbewußten Seelenprozeß der → Seele eingeht ... als ein unmittelbar Wirkendes in uns eingehend ein Stück Seele wird, daß er nicht gedacht und gewußt, sondern gehabt wird" (A. Rosenberg). Unterscheiden lassen sich generell zwei Arten meditativer Übung: a) die gegenständliche, b) die ungegenständliche M. Grundsätzlich kann jeder Gegenstand in die Mitte der meditativen Betrachtung gerückt werden, z.B. eine brennende Kerze, ein Kristall, eine Blüte, ein Baum, ein Symbol, ein

Wort ... Hilfreich ist die klare Überschaubarkeit und – bei einem Wort – dessen formelhafte Kürze und spirituelle Dichte (→Mantram). Man konzentriert sich zunächst auf das Objekt der M., betrachtet es, läßt es dann so auf sich wirken, daß alles andere unwesentlich wird. Nicht was „ich" über den zu meditierenden Gegenstand denke oder von ihm meine, ist wesentlich, sondern was er mir – ohne Worte – „sagt". In diesem Stadium geht M. in →Kontemplation über. – b) Gegenstandslose M. liegt dann vor, wenn man, wie z. B. in der →Anthroposophie in einem vorgeschrittenem Stadium des M.-Geschehens nicht nur den betreffenden Gegenstand aus der äußeren Betrachtung herausnimmt, sondern auch jede innere Vorstellung „löscht", jedoch stets auf klare Bewußtheit achtet, also hell wach bleibt. Man nennt das die Herstellung eines „leeren Bewußtseins". Erst in diesem Zustand wird →Inspiration aus der (unbewußten) geistigen Welt möglich. Anders verfährt man auf dem Weg des →Zen, wo die M. bereits gegenstandslos beginnt und →Satori zum Ziel hat. – Je nach der geistig-seelischen und auch körperlichen Verfassung vor Beginn der M. ist es ratsam, seiner Übung entspannende Haltungs- oder Atemübungen vorauszuschicken, um den üblichen Verkrampfungen zu begegnen. Abgesehen von der reichen M.-Erfahrung des Ostens verfügt auch der Westen über eine vielfältige M.-Tradition. Sie beginnt bereits in der Antike. Ihre weitere, auf das christliche Frömmigkeitsleben ausgerichtete Durchformung fand sie in den klösterlichen Gemeinschaften, die im Geiste Benedikts von Nursia „ora et labora", Gebet und Arbeit, M. und Aktion in ein rhythmisches Gleichgewicht zu bringen wußten. Sonderformen entwickelten sich u. a. in der Ostkirche mit dem →Herzensgebet bzw. durch das Meditieren des →Namens Jesu. Ausgesprochen betrachtenden Charakter gewannen die →Exercitia Spiritualia des Ignatius von Loyola. Wie er, so hatte schon die Reformation aus der M.-Praxis der →Devotion Moderna geschöpft. Dieser Gattung läßt sich auch die imaginativ-meditative Betrachtung zuordnen, wie sie insbesondere Friedrich Rittelmeyer (1872–1938) im Rahmen der von ihm mitbegründeten →Christengemeinschaft entfaltet hat,

und zwar in deutlicher Abgrenzung zu dem von R. Steiner ausgebildeten anthroposophischen Erkenntnisweg.
Daneben gibt es mancherlei Mischformen, u.a. die →Aktive Imagination als eine im Bereich der →Analytischen Psychologie C. G. Jungs angewandte Praxis mit psychotherapeutischer Zielsetzung oder die in der evangelischen Michaelsbruderschaft sowie von dem Theologen Friso Melzer gepflegte „Innerung" als Wege geistlich-leibhaftiger Vergegenwärtigung. Östliche und westliche Tradition verbindend, führte Karlfried Graf Dürckheim im Zusammenhang der →Initiatischen Therapie an die M. heran. Nicht wenige Ordensleute lernten auf diese Weise längst verschüttete Quellen ihrer eigenen Ordenstradition von neuem kennen. Nicht zu verwechseln mit diesen als geistig-geistliche Übungen verstandenen Formen der M. ist die sogenannte Predigt-M. der Theologen bzw. die beliebte Bild-M. Sachgemäßer sollte man in diesen Fällen von Besinnung auf einen Predigttext bzw. von (eingehender) Bildbetrachtung sprechen.

Lit.: K. Graf Dürckheim, Meditieren, wozu und wie. Freiburg 1976; F. Melzer, Innerung. Wege und Stufen der Meditation. Kassel 1968; P. Rabbow, Seelenführung. Methodik der Exerzitien in der Antike. München 1954; F. Rittelmeyer, Meditation. Zwölf Briefe über Selbsterziehung (1928). Stuttgart 1948 ff.; A. Rosenberg, Christliche Bildmeditation. München 1975; J. Sudbrack, Herausgefordert zur Meditation. Freiburg 1977; K. Tilmann, Weg in die Mitte. Freiburg 1982; K. Thomas, Meditation in Forschung und Erfahrung in weltweiter Beobachtung und praktischer Anleitung. Stuttgart 1973; G. Wehr, Der innere Weg. Anthroposophische Erkenntnis und meditative Praxis. Reinbek 1983.

Meister. Zu den Grunderfahrungen menschlicher Existenz gehört die Einsicht in den Weg-Charakter des Menschseins. Die Religionen sind sich darin weitgehend einig, auch daß Rat und Hilfestellung, Führung und Geleit erforderlich sein können, →geistliche Führung. Der M. hat hierbei seine Aufgabe. Er vermag sie – je nach kulturellem und religiösem Zusammenhang – als Guru, Roshi, Zaddik, Scheich oder Pir, Starez oder „Vater" bzw. „Mutter" nur in dem Maße zu erfüllen, in dem er an innerer →Erfahrung reicher ist als derjenige, der sich ratsuchend an ihn wendet. Entscheidend für die Qualität eines M. ist nicht dessen Wissen, dessen gesellschaftliche oder religiöse

Stellung etwa innerhalb einer kirchlichen Hierarchie, sondern allein der Grad selbsterrungener Reife und Erkenntnis. Letztlich beschränkt sich seine Funktion darin, den „inneren M." entdecken zu helfen und sich selbst in dem Moment überflüssig zu machen, in dem diese innere Führungskraft, das verborgene spirituelle Potential, der „Mut zum Sein" (P. Tillich)... zumindest ansatzweise erschlossen ist. Denn: „Wer reif wird zum Weg und nach dem M. sucht, weil er der Führung bedarf, aber rings im Kreise keinen findet, der seinem Anspruch entspricht, darf wissen, daß er den M. in sich selbst hat, den inneren M. Hätte er ihn nicht, so könnte er auch den M. draußen nicht finden ... so könnte auch der ‚M. draußen' in ihm nichts bewirken" (K. Graf Dürckheim). Oder aus anderer Sicht: „Je stärker die Persönlichkeit eines Menschen ist, der andere ‚geistlich' begleitet, desto mehr wachsen gleichzeitig Gefahr und Chance. Die Gefahr nämlich, daß die Suggestivkraft des M. zum geistlichen Angelpunkt wird; und damit öffnen sich Tür und Tor zum Bereich von magisch-spiritistischen Abhängigkeiten. Die Chance aber wächst zugleich, daß der ‚M.' tatsächlich seinen ‚Schüler' zum christlichen Selbstand verhilft" (J. Sudbrack).

Lit.: G. u. T. Sartory: Die Meister des Weges in den großen Welt-Religionen. Freiburg 1981; K. Graf Dürckheim: Der Ruf nach dem Meister. Weilheim 1972.

Menschenbild. Das esoterischen Lehren zugrundeliegende M. geht vielfach von der Existenz eines geistigen Persönlichkeitskerns aus, der in deutlicher Unterscheidung vom alltäglichen oder manifesten Ich das „wahre Ich" bzw. das →Selbst des Menschen darstellt. Letztlich geht es um das Schicksal dieses Ich bzw. Selbst. Der Blick des esoterisch strebenden Menschen ist somit über das Vorläufige, Vordergründige hinaus gerichtet, so ernst die konkrete Situation, die Existenz genommen werden muß. Aber das Leben erschöpft sich nicht in den zwischenmenschlichen, gesellschaftlichen Bezügen. – In der abendländischen Philosophie wirkten sich die menschenkundlichen Vorstellungen der Vorsokratiker und vor allem Platons aus, wonach dieses Selbst bzw. die →Seele in der Sphäre der Ideen,

also in der Welt des Geistes beheimatet ist und nur für eine bemessene Zeit einen vergänglichen materiellen Körper bewohnt. Die Wendung, der Leib sei „ein Gefängnis der Seele“, liegt dem zugrunde. Die Herkunft und das Verankertsein der menschlichen Seele im Geistigen (→ Geist) weist auf den vorgeburtlichen Bereich (Präexistenz) und begründet die Unsterblichkeit des individuellen Menschen, – eine Auffassung, die aber zu dem christlichen Auferstehungsgedanken in Spannung steht. Jedoch fand die Idee der Präexistenz, d.h. der Gedanke der im Geistigen veranlagten Existenz des Menschen vor Zeugung und Geburt, ins Christentum der ersten Jahrhunderte Eingang, z.B. bei Origenes (3. Jh.). Seit dem 6. Jahrhundert sprachen sich kirchliche Synoden dagegen aus, vor allem weil dieser Gedanke eine Voraussetzung für die Idee wiederholter irdischer Verkörperungen darstellt (→ Reinkarnation).
Abgesehen von dem dreigegliederten Menschen, in dem Leib, Seele und Geist zu einer Ganzheit vereinigt sind, kennen die esoterischen Lehrsysteme weitere Differenzierungen. Elementar ist hierbei das polare Gegenüber des Männlichen und des Weiblichen, an dem beide Geschlechter in charakteristischer Weise teilhaben (→ Androgyn). Oder unter anderem Aspekt: Mann und Frau bedürfen zu ihrer Reifung laut C. G. Jung des gegengeschlechtlichen Seelenbildes, der Mann der weiblich vorgestellten Anima, die → Frau des Animus. Im Reifungsprozeß (→ Individuation) wird diese Vervollständigung (nicht Vollkommenheit!) angestrebt. Die fernöstliche Weisheit kennt einerseits die zum Tao sich vereinigende → Yin-Yang-Polarität; andererseits hat sie ein Wissen um übersinnliche, im Menschen verborgene Energiezentren (→ Chakra) gebildet, auch eine Methodenlehre, sie zu entfalten (→ Yoga), das → Bewußtsein qualitativ zu erweitern. Die westliche Entsprechung zu diesen Bemühungen ist u.a. die → Anthroposophie Rudolf Steiners und deren historischer Vorläufer, die → anglo-indische Theosophie. Der Anthroposophie darf deshalb exemplarische Bedeutung zugesprochen werden, weil ein esoterisch begründetes M. auch allen ihren Ansätzen zu einer praktischen

Umsetzung in Erziehung, Medizin, soziale Gestaltung udgl. zugrunde liegt.

Lit.: Vgl. u.a. →Analytische Psychologie, →Anthroposophie, →Yin-Yang, →Yoga.

Michaelisches Zeitalter, die dem Erzengel Michael als dem beherrschenden „Zeitgeist" unterstellte Epoche, die aufgrund alter, teils biblischer, teils antiker bzw. mittelalterlicher Überlieferung das Zeitalter Gabriels ablöst, das sich seit den Tagen der Reformation bis zum Jahr 1879 erstreckt. In der →Anthroposophie Rudolf Steiners gilt Michael als der Zeitgeist, unter dessen Führung der heutigen Menschheit die Dimension des Spirituellen von neuem erschlossen werden soll. Der Übergang von der einen zur anderen Epoche bedeutet in anthroposophischer Beleuchtung eine Wende, in deren Verlauf der naturwissenschaftliche Materialismus mit seinen Folgeerscheinungen zu überwinden ist. „Die Götter dieser Epoche sind heute zu den Gegnern geworden, denen Michael entgegentritt. Heute wirkt, wo sie wirkten, der Drache des Materialismus. Und wenn Michael in der Gegenwart von neuem zum Kampf gegen die Drachengewalten antritt; wenn er Menschen sucht, die ihm dabei helfen, so heißt dies, daß der Durchbruch zu einer neuen spirituellen Weltanschauung gefunden werden muß" (E. Bock). So gesehen stellt das M.Z. eine ältere Entsprechung zu →New Age bzw. zum →Wassermann-Zeitalter dar. In jedem Fall handelt es sich um Versuche, die Qualität der Zeit (→Astrologie) und die sie beherrschenden geistigen Mächte (→Engel) näher zu bestimmen, um schließlich entsprechende Konsequenzen im Denken, Fühlen und Wollen zu ziehen.

Lit.: E. Bock, Michaelisches Zeitalter. Die Menschheit vor dem Zeitgewissen (1937). Stuttgart 1979; A. Rosenberg, Durchbruch zur Zukunft. München 1958; ders., Michael und der Drache. Olten–Freiburg 1956.

Mysterien, -Stätten, -Religionen (griech. „mysterion", Geheimnis, Geheimlehre). Die hauptsächlich in vorchristlicher Zeit im Mittelmeerraum verbreiteten religiösen Kulte, in deren Mitte ein bestimmtes Geheimnis stand, zu dem man durch →Einweihung (→ Initiation) Zugang finden konnte. Das entsprach dem schon im Altertum wachsenden Bedürfnis vieler Menschen, mit ihren Göttern in innige Verbindung zu treten und die Wahrheiten ihres → Mythos an sich selbst zu erleben; in diesem Erleben einen Prozeß der Wandlung und der → Erleuchtung zu durchlaufen. Zugunsten der ehrfürchtigen Teilnahme, für die sich der Neophyt (Neuling) vorzubereiten hatte, um Myste (Eingeweihter), schließlich Epopte (Erleuchteter) zu werden, trat eine schulmäßige Belehrung in den Hintergrund. Andererseits schützte eine lange Zeit streng beobachtete → Arkandisziplin vor leichtfertiger Profanisierung. Es stand unter Strafe, die M. auszuplaudern oder „auszutanzen", d. h. die geheim gehaltenen rituellen Handlungen nachzuahmen. Noch aus den meist knappen Andeutungen, die sich in den Schriften griechischer Autoren wie Platon finden, spricht Hochachtung und Ehrfurcht gegenüber dem in den M. Erlebten. Bruchstückhaftes M.-Wissen hat sich auch bei den frühen christlichen Schriftstellern (Klemens von Alexandrien, Hippolyt von Rom u. a.) erhalten. Entscheidend wie bei aller Esoterik aber ist der zu durchlaufende Prozeß als solcher, der M.-Weg.

Zu den bekanntesten M.-Kulten gehören im alten Griechenland die des Dionysos, der „Erdmutter" Demeter in Eleusis bei Athen, sodann die der Orphiker, der Kabiren von Lemnos und auf Samothrake; ins kleinasiatische Phrygien verweisen die der Muttergottheit Kybele gewidmeten M. mit ihrem als Vegetations- bzw. Auferstehungsgott verehrten jugendlichen Geliebten Attis. Mit diesen M.-Gottheiten verwandt ist Adonis, der Gefährte von Aphrodite, der Vegetationsgott im phönikisch-syrischen Bereich. Ähnlich wie Dionysos wurde auch der thrakisch-phrygische Sabazios in rauschhafter Ekstase erfahren. Das Geheimnis des mystischen Todes und des Erwecktwerdens (→ Wiedergeburt) ist ein zentrales M.-Thema. Es begegnet wieder bei dem ägyptisch-hellenistischen Totengott Osiris (bzw. Sarapis), der von seiner Gattin Isis ins Leben zurückgerufen wird. So verbinden sich verschiedene Aspekte, solche einer Verehrung der in der Natur wirksamen Kräfte der zyklischen Erneuerung des Lebens, sodann solche einer ethischen Reinigung, geistigen-seelischen →Transformation und Wesenswandlung. Auf diese Weise fanden sich Männer und Frauen zur Esoteriker- bzw. M.-Gemeinde zusammen. Ausschließlich Männern, z. B. römischen Söldnern vorbehalten waren die Mithras-M. mit ihren einer Höhle nachgebildeten Kultusräumen mit sieben Graden der Initiation. Zu den wesentlichen Elementen der einzelnen M. gehörten sakramentale Handlungen: Taufe und Mahlfeiern, das Erwecktwerden nach einem dreitägigen M.-Schlaf. All das konnte von der ersten Christenheit als Prototypie (Vorbilder) für ihre eigenen liturgischen Vollzüge angesehen werden, freilich mit einem entscheidenden Unterschied: Was einst im M.-Tempel verborgen und nur einem kleinen Esoterikerzirkel vorbehalten blieb, das trat vor die Öffentlichkeit, um vor aller Welt und unterschiedslos für alle Menschen präsent zu sein: das Mysterium der Christus-Erscheinung. Doch auch hier bleibt das Problem bestehen: Inwieweit kann und darf ein solches Mysterium „veröffentlicht" werden? Wo und in welchem Maße hat eine moderne, auf dem Boden des Christentums stehende Esoterik das Prinzip des Geheimnisschutzes zur Geltung zu bringen? Die Geschichte zeigt, daß insbesondere in Zeiten der spirituellen Verflachung, der dogmatisch-juridischen Erstarrung und der kirchlichen Verweltlichung das Bedürfnis nach Rückgewinnung der M.-Dimension immer wieder aufbrach.

Lit.: M. Eliade, Geschichte der religiösen Ideen I. Von der Steinzeit bis zu den Mysterien von Eleusis. Freiburg 1978; K. Kerényi, Die Mysterien von Eleusis. Zürich 1962; D. Lauenstein, Die Mysterien von Eleusis. Stuttgart 1987; Th. von Scheffer, Hellenische Mysterien und Orakel. Stuttgart 1940; R. Steiner, Das Christentum als mystische Tatsache und die Mysterien des Altertums (1902). Dornach 1982.

Mysterium (griech. „mysterion", Geheimnis). Dieser zentrale Begriff aller religiösen Wirklichkeit deutet auf jene →Ökumene des Geistes hin, die auch das Christentum mit anderen Religionen – gleichsam von innen her – verbindet, ohne sich mit ihnen vermischen zu wollen (→Synkretismus). Es ist das M., das das Christusereignis und das individuelle Christwerden durch die →Initiation der Taufe wie durch das Prozeßgeheimnis der →Wiedergeburt zu einer lebensbestimmenden Erfahrung werden läßt. Obwohl die Verkündigung und das M. der Messianität des Jesus von Nazareth tief im Judentum wurzelt, ist jedoch auch der strukturelle Zusammenhang mit den vorchristlichen →Mysterien des Griechentums nicht zu leugnen, – eine Tatsache, die im Lauf der Geschichte freilich von bestimmten theologischen Gedankenrichtungen geleugnet und verdeckt wurde, bisweilen aus Sorge um die Eigenständigkeit des Christlichen. Dabei sprechen die Evangelien deutlich vom Geheimnis des Reiches Gottes, das in und zwischen den Menschen nach Gestaltwerdung drängt. Die Apostelgeschichte bezeichnet den Glauben der Urgemeinde ausdrücklich als einen „Weg" (Apg 9,2; 24,14), der zudem auch von Menschen ohne Rücksicht auf Geschlecht, Rasse oder gesellschaftliche Stellung des Betreffenden gegangen werden kann. Eben dies entspricht dem Charakter jener Mysterien, die nicht nur einen bestimmten →Mythos nacherzählen oder kultisch vergegenwärtigen, sondern die an Mysterien-*Erlebnisse* heranführen und den Menschen in ein neues Sein hineinstellen wollten. In deutlicher Fortführung und in nicht minder deutlicher Erneuerung des alten Mysterienwegs deutet Paulus das Christsein als eine „neue Schöpfung" und als einen Weg der Wandlung. Der Unterschied zu einem bloßen Interpreten der Schrift bzw. der Gesetzlichkeit seiner jüdischen Väter könnte bei dem mit mystischer Erfahrung vertrauten Apostel kaum größer sein. Davon abgesehen gibt es für den esoterisch gesonnenen Menschen eine Teilhabe am M. grundsätzlich in allen Bereichen des Lebens. Sie ist gegeben durch Geburt und Tod, durch jede tiefer gehende Menschenbegegnung, in der Rätselhaftigkeit des Schicksals in allen ihren Ausformungen, in allem schöpferischen Tun, das bloße „Machbarkeit" übersteigt, in der Liebesbegegnung zwischen Mann und Frau (→Eros), die ihrerseits – wie alles Irdische – wiederum ausdrucksmächtiges Gleichnis ist für die Begegnung mit dem Ewigen, das das Zeitliche, Vergängliche sinngebend durchdringt. Für den Christen gipfelt das Mysterium in der Geistgemeinschaft mit Christus

(Eph 5,32), die im Symbol der Ehe von Mann und Frau gesehen werden kann. Der häufige Gebrauch des Begriffs M. in esoterischer Literatur kann wohl inflationäre Züge annehmen. Von der Sache selbst her gesehen aber ist seine Verwendung berechtigt, weil unersetzlich.

Lit.: W. Stählin, Mysterium, Vom Geheimnis Gottes. Kassel 1970.

Mystik (griech. „myein", die Augen schließen), gilt als ein religiöses Urphänomen. M. basiert auf der → Erfahrung eines unmittelbaren, intuitiven Kontaktes mit Gott bzw. mit dem Absoluten oder Unbedingten. Elemente dieses Gotteserlebens und -erkennens (cognitio dei experimentalis) sind in allen Hochreligionen verbreitet, so unterschiedlich dieses Erleben jeweils beschrieben wird. Die Vielfalt der Zeugnisse mystischer Erfahrung zeigt, daß es nicht nur verschiedene Grade und Intensitäten des Ergriffenseins gibt, sondern auch verschiedene Zugänge. Während Meister Eckhart das Erlebnis eines einzigartigen Durchbruchs betont, der von Gott her erfolgt, kennen andere Mystiker Stadien eines → inneren Wegs, etwa das Stadium der vorbereitenden Reinigung (via purgativa), dann das der Erleuchtung (via illuminativa), schließlich das ersehnte Hochziel der M., die Vereinigung (unio mystica). Da das zu Erlebende mit keinem Erlebnis der Gegenstandswelt zu vergleichen ist, reichen die üblichen sprachlichen Superlative nicht aus. Das Unaussagbare wird durch provozierende Paradoxien und durch Negationen (via negativa) anzudeuten versucht. Der Mystiker setzt sich daher leicht des Verdachts der Häresie aus. Deshalb gibt es viele Berührungspunkte zwischen der Geschichte der M. und der der → Ketzerei. Zusätzliche Irritationen können durch die Verwendung der Sprache des → Eros bewirkt werden. So wie es den mystischen Tod, das Zerbrechen des alten Menschen gibt, so läßt sich die Gipfelerfahrung der M. als mystische bzw. → Heilige Hochzeit beschreiben. Es liegt in der Natur der Sache und es entspricht der Aktualität der M., daß sie nicht an eine bestimmte Geschichtsepoche gebunden ist, wenngleich die Bezeichnung „deutsche M." in der Regel auf die Gestalten im

Umkreis von Eckhart, Tauler, Seuse, die Bewegung der →Gottesfreunde sowie der →Devotio moderna angewandt wird. Oft stellt die M. ein Korrektiv zu einer an Gesetz und moralischen Normen orientierten Religionsform dar; im Judentum in Gestalt der →Kabbala, im Islam in Gestalt des →Sufismus. Buddhismus und Hinduismus sind überaus reich an mystischen Elementen. Oft gibt es Übergänge zwischen der M. und der →Theosophie. Kennzeichnend für jede Form von M. ist das Element der individuellen Erfahrung dessen, was Dogma und öffentliche Verkündigung, Mission und karitative Praxis zu einem Objekt werden lassen. Charakteristisch ist ferner, daß M. das Verbindende betont, wo Dogma und Theologie das hervorheben, was die Glaubensanschauungen unterscheidet. Doch daraus ist nicht eine Tendenz zum →Synkretismus abzuleiten. So groß der Gleichlaut mystischer Zeugnisse sein mag, so unzweideutig ist die geistige Verwurzelung eines religiösen Mystikers in der glaubensmäßigen Tradition, der er entstammt. Aber es gibt eine →Ökumene des Geistes, die die „garstigen Gräben" geschichtlicher Bedingtheiten überbrükken hilft.

Lit.: H. Dumoulin, Östliche Meditation und christliche Mystik. Freiburg 1966; A. M. Haas, Sermo mysticus. Freiburg/Schweiz 1979; R. Otto, West-östliche Mystik. München 1971; M. Schmidt / D. R. Bauer (Hrsg.), Grundfragen christlicher Mystik. Stuttgart 1987; J. Sudbrack (Hrsg.), Das Mysterium und die Mystik. Würzburg 1974; G. Wehr, Die deutsche Mystik. München 1988.

Mythos (griech. „Wort, Erzählung"). Im Gegenüber zu „Logos" als dem stärker vom Denken her beherrschten Wort ist der M. das in sinn- und symbolhaltigen Bildern erzählende Wort, ohne daß der M.-Erzähler Anspruch auf historische Tatsächlichkeit erhebt. Ihm genügt die innere Wahrheit und Tiefe seiner Schilderung. Sie basiert vielfach auf der Erfahrung eines Urtümlichen, →Heiligen, eines Spirituellen. Gleichzeitig dient der M. dazu, das einst wie in einem großen Traum Erlebte an spätere Geschlechter weiterzugeben, so daß das Ursprunghafte immer wieder gegenwärtige Gültigkeit erlangen kann. Was der M. schildert, enthüllt die Topographie eines →inneren Wegs, den Menschen der betreffenden Traditionszusammenhänge einst geführt worden sind und der in der Nacherzählung bzw. in der →Meditation von neuem seine geheime Führungskraft erweisen kann: seien es die Reisen des Odysseus, der nach langer begegnungsreicher Irrfahrt Ithaka erreicht und endlich nach Hause kommt, und sei es als Bettler; oder handele es sich um die Ausfahrten, um die Suche (Quest) nach dem geheimnisvollen →Gral des Parzival. Es ist die existentielle Bedeutsamkeit solcher Mythen, die Mal um Mal zu faszinieren vermag. Denn auf dem so beschriebenen Weg geht es vielfach um die individuelle Reifung; gesucht und gefunden werden soll das →Selbst, die Selbst-Werdung des Menschen. Andere Inhalte des M. betreffen die Kosmogonie, das Wesen der geistigen Mächte in der oberen Welt, seien es Götter oder →Engel. Wichtige Aussagen esoterischer Tatbestände sind ins Gewand des M. gekleidet: Die →Gnosis kennt den gnostischen Erlöser-M., in dessen Verlauf die in die Finsternis der Materie herabgestürzte Seele in die Welt des Geistes emporzuheben ist; die Tradition der →Rosenkreuzer kennt die →Chymische Hochzeit Christiani Rosenkreutz. Therapeutischen Wert erhält der M., ähnlich wie Traum und Märchen in der Tiefenpsychologie. Bewußtseinsgeschichtlich betrachtet geht die mythische Bewußtseinsstruktur der mentalen bzw. rationalen voraus, doch ihr spiritueller Reichtum ist mit rationaler Begrifflichkeit nicht auszuschöpfen. Ähnlich dem →Symbol ist der M. mehrdimensional. Jede Entmythologisierung, die eine Auflösung oder Beseitigung des angeblich überlebten M. zum Ziel hätte, bewirkte eine spirituelle Verarmung, ginge es doch um den Verlust eben jener Dimension der Wirklichkeit, die weder durch Maß, →Zahl und Gewicht noch durch platte Empirie zu erfassen wäre. „Die Mythenwelt liegt als ein gewaltiger objektiver Tatbestand unserer Geschichte vor ... Erschlossen werden die Mythen aber erst, wenn wir sie verstehen. Der M. ist nicht schon die Erzählung als solche, sondern erst das, was darin liegt an Bedeutung. Die Bedeutung im M. spüren wir, ohne sie zu erkennen. Wir erleben sie, ohne sie zu wissen. Die Mythen sind wie ein unendlich wogendes Meer von Bedeutungen, die in die Tiefe des Seins und meines Seins dringen ...“ (K. Jaspers).

So werden im M. nicht nur die Bewegungen der Natur und die Ereignisse des menschlichen Lebens interpretierbar (z. B. in der Psychotherapie). Mythische Vorstellungen können auch in die Gestaltung der äußeren Geschichte zurückwirken, etwa als Sehnsucht nach einer paradiesisch heilen Welt, nach der Wiederherstellung eines „ewigen Reiches“ udgl. „Die Geschichte selber vollzieht sich für die Alten stets im Auftrag und in Bevolmächtigung göttlicher Mächte; sie selbst also besitzt a priori den Wert eines symbolischen Szenariums, und unabhängig von dieser Symbolik vermöchte die Geschichte selbst sich nicht zu vollziehen. Von daher dürfte es klar sein, daß eine Auslegung der Geschichte, die das bleibend Gültige an der Geschichte herausarbeiten will, gerade diesen Schritt der Alten vom M. zur Geschichte für sich selber mitvollziehen muß, wenngleich in umgekehrter Richtung: während die Mythen die Kräfte und Gegensätze der menschlichen Psyche nach außen verlagert und in den fremden Einflüssen göttlicher Mächte angeschaut wurden, geht es bei einer tiefenpsychologischen Auslegung geschichtlicher Überlieferung immer wieder um die Rückführung der historischen Gestaltungen auf die szenarischen Sequenzen archetypischer (→ Archetypus) Symbole im Menschen selbst ...“ (E. Drewermann, Tiefenpsychologie und Exegese, Bd. I, 322).

Lit.: J. Campbell, Der Heros in tausend Gestalten. Frankfurt 1953; K. Hübner, Die Wahrheit des Mythos. München 1985; K. Kerényi, Die Eröffnung des Zugangs zum Mythos (Wege der Forschung). Darmstadt 1982; L. Ziegler, Überlieferung. München [2]1949. E. Drewermann, Tiefenpsychologie und Exegese. Bd. I, Olten 1984; Bd. II, Olten 1985.

N

Name(n) dienen nicht allein der Benennung und Unterscheidung, sondern verweisen unter dem religiösen bzw. spirituellen Aspekt auf das Wesensgeheimnis des Genannten. Die →Magie kennt den N.-Zauber, bei dem z. B. unter Nennung eines bestimmten N. Macht ausgeübt werden soll. Dabei ist die Kenntnis von →Engel- oder Gottes-N. von entscheidender Bedeutung. Deren Wirkkraft ergibt sich vor allem durch die Komposition der Buchstaben und Laute, aus denen sich (analog zum →Mantram) N. zusammensetzen, denn den Lauten wohnen nach traditioneller Anschauung ihrerseits verborgene Potenzen und Qualitäten inne. Den N. kennen, heißt zum einen, Verfügungsgewalt über den N.-Träger besitzen; zum anderen gebietet die Heiligkeit des Gottes-N. (z. B. im Judentum), daß man sich hütet, ihn auszusprechen. Schon die Anrufung „im N. Gottes" kommt einer Beschwörung gleich. So gesehen ist der N. weder aus dem liturgischen Leben der Religionen noch aus der Esoterik wegzudenken, obwohl oder gerade weil das Wort und der N. im heutigen allgemeinen Sprachgebrauch an spirituellem Gehalt und damit an Bedeutsamkeit stark eingebüßt haben. Das esoterische Wissen um das Geheimnis des N. ging weithin verloren. Aber es gibt auch die in der altchinesischen Weisheit gepflegte Skepsis gegenüber allem Benennbaren: „Der N., den man nennen kann, ist nicht der ewige Name" (Tao-te-king). Dem steht die hohe Einschätzung des N. im Amida-Buddhismus gegenüber. Sie findet ihren Ausdruck in der rituell rezitierten Formel: „Namu Amida Butsu" (Verehrung dem Namen des Buddha Amitabha), zugleich Manifestation inniger Hingabe an den solchermaßen Angerufenen. Doch auch im Christentum wird dem N. ein hoher Rang zuerkannt: Im N. Christi zusammenkommen, heißt der Gegenwart Christi gewiß sein (Mt 18,20); „Geheiligt werde dein N." entspricht der ersten Bitte des Vaterunsers.

Lit.: F. Dornseiff, Das Alphabet in Mystik und Magie (1925). Leipzig 1985; A. Dieterich (Hrsg.), Eine Mithrasliturgie (1923). Darmstadt 1966.

New Age, „Neues Zeitalter", die Sammelbezeichnung für zum Teil sehr verschiedenartige religiös-spirituelle, weltanschauliche und therapeutische Bestrebungen mit alternativen Zielsetzungen. Das mit N.A. Bezeichnete reicht von der Anschauung einer spirituellen →Astrologie, daß das →Wassermann-Zeitalter sich ankündige bzw. bereits angebrochen sei, bis hin zu praktischen Konsequenzen für ein „neues Leben", die sich aus dem „neuen Denken" (Capra) ergeben. Wer N.A. nicht nur als eine Modeerscheinung begreift, der ist sich bewußt, daß es gilt, das in der Vergangenheit entstandene geistige religiöse Vakuum zu füllen. Dazu gehört einerseits das Beschreiten eines →inneren Wegs, der dem heutigen →Bewußtsein angemessen ist; andererseits ist eine Rückbesinnung – kein Rückzug! – auf die reichen Traditionen der →Mystik und →Esoterik in West und Ost unumgänglich. Dieses N.A.-Denken ist nicht an eine bestimmte Religion oder Weltanschauung gebunden. Es besteht aber das Bedürfnis nach Zusammenschau und nach ganzheitlicher Betrachtung, etwa westlichen Denkens und östlicher Spiritualität. Dabei ist der Illusion zu wehren, als ließen sich Geistestraditionen beliebig austauschen oder miteinander vermengen. Zusammenschau, vor allem Dialog und Begegnung setzen die Verwurzelung im Eigenen wie die Anerkennung des jeweils Anderen voraus, will man das Abgleiten in einen platten →Synkretismus vermeiden.

Lit.: E. Gruber/S. Fassberg, New Age-Wörterbuch. Freiburg 1986; G. Geisler (Hrsg.), New Age-Zeugnisse der Zeitenwende. Freiburg 1984; K. Ledergerber/P. Bierri, Was geht New Age die Christen an. Freiburg 1988; H. J. Ruppert, New Age, Endzeit oder Wendezeit. Wiesbaden 1985; G. Schiwy, Der Geist des Neuen Zeitalters. München 1987; C. Schorsch, Die New Age-Bewegung. Gütersloh 1988.

Numinose, das (lat. „numen", Wink der Gottheit; das göttliche Wesen), bezeichnet wie das →Heilige eine Grundkategorie religiöser Wirklichkeit und Erfahrung. R. Otto arbeitete in seinem Werk „Das Heilige" (1917) die Wesenszüge des N. als eines erschreckten, ergriffenen Innewerdens der Majestät eines „ganz Anderen", zu Fürchtenden, heraus. „Das N. steht abseits von allem ...: Nichts Menschliches und keine Erscheinung des Weltalls ist ihm vergleichbar. Dem N. gegenüber fühlt der Mensch seine völlige Nichtigkeit. Er hat die Empfindung, ‚nur eine Kreatur' zu sein ... Das Heilige manifestiert sich immer als eine Realität, die von ganz anderer Art ist als die ‚natürlichen' Realitäten. Zwar bringt die Sprache das tremendum (Erschütternde) oder die majestas oder das mysterium fascinans (→Mysterium) in Worte, die dem Bereich der Natur oder dem profanen Geistesleben des Menschen entlehnt sind, aber diese analogisierende Ausdrucksweise entspringt eben der Unfähigkeit, das ‚ganz Andere' zu benennen: die Sprache ist darauf angewiesen, alles, was über die normale menschliche Erfahrung hinausgeht, in Worte zu kleiden, die dieser normalen Erfahrung entstammen" (M. Eliade, Das Heilige und das Profane). So gesehen ist alles N. bzw. Heilige im höchsten Maße esoterischer Natur. Es widersetzt sich jeder Veräußerlichung oder Profanisierung. Es bedarf daher einer besonderen →Initiation, z.B. in die →Mysterien. Aber auch wer die entsprechenden Stufen der →Einweihung durchlaufen hat, bleibt sich der letztlich unüberwindlichen Distanz bewußt, die zwischen ihm und der Heiligkeit Gottes besteht, auch wenn es Momente der Erleuchtung bzw. der Vereinigung in der →Unio mystica gibt.

Lit.: Vgl. →das Heilige.

O

Ökumene des Geistes. Es trifft zwar zu, daß das Esoterische mit der spirituellen →Erfahrung des einzelnen eng verknüpft ist. Gleichzeitig weist das Erfahrungsgut über den Einzelmenschen hinaus. Es gibt eine Gemeinsamkeit, die als Ö. d. G. angesprochen werden kann, insofern sie prinzipiell alle Menschen miteinander verbindet, die den →inneren Weg gehen und die als „Menschen guten Willens" (homines bonae voluntatis) eine die Religionsgrenzen und Konfessionsverschiedenheiten überspannende Verantwortlichkeit empfinden. Die Brücke reicht von Erfahrung zu Erfahrung, ohne daß die Gefahr eines alle Unterschiede nivellierenden →Synkretismus befürchtet werden muß. Ö. d. G., wie sie hier verstanden wird, setzt die Verwurzelung in der eigenen spirituellen Tradition voraus.

Okkultismus (lat. „occultum", Verborgenes). Bezeichnung für den nur schwer eingrenzbaren Gesamtbereich dessen, was im landläufigen Sinn als rätselhaft, unerklärlich oder doch unwahrscheinlich, geheimnisvoll angesehen wird, weil die betreffenden Phänomene, sofern sie verifiziert worden sind, (anscheinend) weder mit den allgemein bekannten naturwissenschaftlichen Methoden erklärt, noch logisch ergründet werden können. Auch die in der Sprache des →Mythos bezeugten religiösen Mitteilungen von Ereignissen oder Wesenheiten (→Engel), die Bezirke von →Mystik und →Esoterik gehören aufgrund der ursprünglichen Wortbedeutung dieses Terminus noch in den Zusammenhang des O. Da mit erheblichen Niveauunterschieden zu rechnen ist, nicht am wenigsten mit Fehlerquellen und Trugschlüssen bei der Beobachtung sowie mit offensichtlichen Betrugsfällen bei der Herbeiführung von okkult genannten Erscheinungen, ist sachgemäß die Auseinandersetzung mit dem O. im allgemeinen erheblich belastet. Von daher erklärt sich die weit verbreitete Abwehrhaltung. Sie wird kaum dadurch verringert, daß man einen „niederen" von einem „höheren" O. unterscheiden möchte. Es ist die → Parapsychologie, die sich um die wissenschaftliche Erhellung einzelner Gebiete des O. bemüht. Aus naheliegenden Gründen sind es die aufweisbaren Phänomene des okkultistischen Formenkreises (Spiritismus, Mediumismus, Präkognition, Psychokinese, Telepathie udgl.), mit denen sich die Parapsychologie beschäftigt. Die im engeren Sinne „verborgenen", die mystischen, auf innerer Erfahrung gegründeten esoterischen Tatbestände, auch die Methoden des spirituellen Vorankommens auf dem → inneren Weg, sind vergleichsweise seltener Gegenstand der Untersuchung.

Lit.: E. Bauer/W. von Luccadou, Psi, was verbirgt sich dahinter? Freiburg 1984; E. Benz, Parapsychologie und Religion. Erfahrungen mit übersinnlichen Kräften. Freiburg 1983; H. C. Berendt, Telepathie und Hellsehen. Freiburg 1983; W. von Scholz, Der Zufall und das Schicksal. Die geheimen Kräfte des Unwahrscheinlichen. Freiburg 1983.

Ordensgemeinschaften sind wesentlich durch ihr geistliches und damit esoterisches Leben geprägt. Das gilt im außerchristlichen wie im christlichen Bereich. Schon das frühe Mönchtum hat seine Mitglieder auf den → inneren Weg gewiesen, durch Ritus, Gebet und → Meditation Fundamente für eine große spirituelle Tradition gelegt, die ihrerseits kulturschaffend und weltverwandelnd wirksam wurde. Zu den Elementen gehören das paulinische „Betet ohne Unterlaß!", das benediktinische „Ora et labora" (bete und arbeite), das aus dem Neuen Testament geschöpfte, zunächst vorwiegend in der Ostkirche praktizierte → Herzensgebet, die „Geistlichen Übungen" (→ Exercitia spiritualia) des Ignatius von Loyola. Westliche und östliche Esoterik suchten Ordensleute wie H. Le Saux, B. Griffiths, H. M. Enomiya-Lassalle u..a. zu verbinden.

Lit.: H. U. von Balthasar, Die großen Ordensregeln. Einsiedeln [3]1974; J. Cassian, Spannkraft der Seele. Freiburg 1981; ders., Aufstieg der Seele. Freiburg 1982; ders., Ruhe der Seele. Freiburg 1984; K. S. Frank, Grundzüge der Geschichte des christlichen Mönchtums. Darmstadt 1983; C. Caretto, K. Hemmerle u.a., Lebenswege des Glaubens. Freiburg 1978.

P

Parapsychologie (griech. „para“, neben ...), die Grenzgebiete der menschlichen →Seele erforschende Psychologie. Ihr Forschungsgebiet erstreckt sich über große Teile dessen, was gemeinhin als →Okkultismus angesehen wird. Sie sammelt und ordnet die Datenfülle, prüft sie auf ihre Faktizität und Zuverlässigkeit, ferner erprobt sie Methoden der Untersuchung. Dabei fallen psychisch-paranormale Erscheinungen wie z. B. Telepathie (Gedankenübertragung) oder Präkognition (Vorausschau zukünftiger Begebenheiten) unter den Oberbegriff der außersinnlichen Wahrnehmung (ASW, englisch: ESP = Extrasensory perception), während physikalische Phänomene, wie z. B. die unerklärliche Bewegung eines Gegenstandes, zumal in physikalisch unerklärlicher Art und Weise, als Psychokinese (PK) bezeichnet werden. Bei der Theoriebildung, etwa zur Erklärung spiritistischer und mediumistischer Phänomene begegnet man in der parapsychologischen Literatur seit langem zwei unterschiedlichen Ansätzen. Die eine ist die animistische Theorie. Sie basiert auf der Vorstellung, die insbesondere durch die moderne Tiefenpsychologie gestützt wird, nämlich daß es die menschliche Psyche (anima) eines einzelnen oder einer Gruppe sei, die die beobachteten Erscheinungen hervorbringe. Die zweite Theorie wird „spiritistisch“ genannt, weil sie davon ausgeht, es existieren – in der „vierten Dimension“, im sogenannten „Jenseits“ – Geistwesen (spirits), das oder die unabhängig von den in das Geschehen verwickelten Menschen tätig werden. Mit diesen „Geistern“, auch mit Verstorbenen, könne man in Verbindung treten. – Tatsächlich stellt die P. eine wissenschaftliche Disziplin dar, die bei jedem Schritt ihrer Bemühungen um ein Höchstmaß an Exaktheit ringt, dagegen auf spekulative Behauptungen verzichtet.

Lit.: P. Andreas / C. Kilian, Die phantastische Wissenschaft Parapsychologie.

Frankfurt 1975; E. Bauer / W. von Luccadou, Psi – was verbirgt sich dahinter? Freiburg 1984; H. Bender (Hrsg.), Parapsychologie. Entwicklung, Ergebnisse, Probleme. Darmstadt 1966; D. S. Rogo, Parapsychologie. Hundert Jahre Forschung. Stuttgart 1976.

Philokalia (griech. „Liebe der geistigen Schönheit“, russ.: „Dobrotoljubie“, Liebe der Tugendschönheit), eine mehrbändige Sammlung mit Auszügen aus 38 mystisch-asketischen Schriften. Die auf griechische bzw. ostkirchliche Mönche und Theologen zurückgehenden Texte wurden 1782 erstmals in Venedig im Druck veröffentlicht, später ins Russische bzw. Kirchenslavische übersetzt und verbreitet. Die P. bezeugt die Spiritualität des → Hesychasmus, jener Frömmigkeit des hingebungsvollen Ruhens in Gott. Eine besondere Stellung nimmt hierbei das → Herzensgebet als eine Form einer verinnerlichten Christusverehrung ein. Wenngleich die P. als Wesensausdruck russischer Orthodoxie angesehen werden kann, ist die zugrundeliegende Esoterik überkonfessioneller Natur. „Ziel der östlichen Askese war, in abgestufter Wertordnung Leib, Seele und Geist durch das rein geistige Gebet oder die Gottversenkung zur Vereinigung mit Gott zu führen. Dieses Ziel bestimmte die Methode und die Mittel des geistlichen Kampfes. Sie wurden durch persönliche Erprobung ausgebildet und weitergegeben, von Generation zu Generation. Das gesunde Gespür für die Ordnung beherrscht die östliche Askese. Sie sieht den geistlichen Kampf als ein ‚Gesamtwerk‘ an, das zwar in die Stufen der Reinigung, Erleuchtung und Vollendung gegliedert (→ Mystik), aber das immer in seiner Ganzheit geschaut und nie in den einzelnen Stufen verabsolutiert wird“ (I. Smolitsch).

Lit.: M. Dietz / I. Smolitsch (Hrsg.), Kleine Philokalie (Meister der Meditation). Zürich–Einsiedeln 1976; I. Smolitsch, Leben und Lehre der Starzen. Köln–Olten o. J.; Freiburg 1988.

Pietismus (lat. „pius“, fromm), ist die im 17. und 18. Jahrhundert im Protestantismus verbreitete Erneuerungsbewegung, deren Nachwirkungen und Umformungen bis in die Gegenwart hinein deutliche Spuren hinterlassen haben. Seine Prägekraft erwies sich auf vielen Gebieten, zumal die führenden Repräsentanten des P. sich durch die Vielfalt der Gesichtspunkte und des Engagements auszeichneten. Charakteristisch ist die Betonung der individuellen religiösen →Erfahrung, im Gegensatz zu einer Orthodoxie (Rechtgläubigkeit, etwa im traditionellen Luthertum), die an den überkommenen dogmatischen Positionen und Bekenntnisschriften festhält und damit an spiritueller Lebendigkeit verliert. Von zentraler Bedeutung ist dem P. das subjektive Glaubensleben, die innere Umkehr, die →Wiedergeburt des inneren Menschen sowie die daraus sich ergebenden praktischen Konsequenzen. Von daher ist die esoterische Note nicht zu verkennen. P. ist subjektives Christentum, in dem der religiösen →Erfahrung ein hoher Rang zuerkannt wird. Gleichgesinnte, „Bekehrte“, „Wiedergeborene“ schlossen sich in frommen Kreisen (Konventikeln) zusammen. Gegebenenfalls nahmen sie die Trennung (Separation) von der „Mauerkirche“ der vielen in Kauf, um die Pflege ihres geistlichen Lebens nicht zu gefährden. Fruchtbar erwies sich die Rückbesinnung auf die christliche →Mystik des Mittelalters und der nachreformatorischen Zeit. Dazu kommen wichtige Querverbindungen zur christlichen →Theosophie und zur →christlichen Kabbala. Während Jakob Böhme als Mystiker und Theosoph zusammen mit Johann Valentin Andreae als Autor der →Rosenkreuzer-Schriften zu den Vätern des P. gehört, hat Ph. J. Spener in „Pia desideria“ (fromme Wünsche; 1675) eine Programm-Schrift der Bewegung verfaßt. August Hermann Francke gab Anstöße für die Umsetzung in die Praxis (Hallesche Anstalten); Gottfried Arnold tat sich als Autor der „Unparteiischen Kirchen- und Ketzerhistorie“ (1699/1700) hervor. Er rehabilitierte auf diese Weise die bis dahin in Mißkredit geratenen →Ketzer. Gemeinschaftsbildende Kraft ging von Nikolaus L. Graf von Zinzendorf aus (Herrnhuter Brüdergemeinde). Der schwäbische Theologe und Theosoph Friedrich Christoph Oetinger gehört zu den vielseitigen Persönlichkeiten der Epoche, indem er religiöse Erfahrung und biblische Theologie mit Forschungen auf den Gebieten der →Alchemie und der christlichen Kabbala zu verbinden wußte.

„Der P. hat die Selbstverständlichkeit des gewohnheitsmäßigen Christentums aufgelöst und den Ernst der persönlichen Entscheidung wiederhergestellt. Damit ist er in der Sache und in der Form dem modernen Freiheitsbewußtsein der Menschheit entgegengekommen“ (M. Schmidt). Dies zeigt nicht am wenigsten die Wirkung des P. auf Idealismus und Romantik, auf Dichtung und Philosophie. Dabei ist die ihm innewohnende mystisch-spiritualistische Komponente nicht zu unterschätzen. Auf einem anderen Blatt steht, ob und in welchem Maße am P. orientierte Zeitgenossen das heutige Verlangen nach → Esoterik und → New Age richtig einzuschätzen vermögen.

Lit.: E. Beyreuther, Geschichte des Pietismus. Stuttgart 1978; M. Schmidt, Pietismus. Stuttgart 1972; M. Greschat (Hrsg.), Zur neueren Pietismus-Forschung. Darmstadt 1977.

R

Reinkarnation, Wiederverkörperung des Menschen als Mensch, hat, abgesehen von den verschiedenen R.-Theorien des Ostens, auch in der westlichen Welt seit Pythagoras (um 600 v. Chr.), Empedokles und Platon die Gemüter bewegt. Die Begegnung mit dem frühen Christentum konnte daher nicht ausbleiben, wenngleich das Judentum und das Neue Testament R. aufgrund anderer menschenkundlicher Vorstellungen nicht kennen, jedenfalls zur Begründung nicht herangezogen werden können. Die Kirchenväter betonten in der Regel die Einzigartigkeit der menschlichen Existenz. Der häufig als Bekenner der R. herangezogene Origenes (3. Jahrh.) lehrte lediglich die Präexistenz der menschlichen →Seele. Die Synode von Konstantinopel (543) und das 5. Ökumenische Konzil (553) verurteilten die R. ausdrücklich, was freilich eine gewisse Bekanntschaft voraussetzt. Insbesondere waren es gnostische, manichäische (→Katharer) und sonstige Randgruppen der Christenheit, die den R.-Gedanken in den Mittelpunkt ihrer Lehrbildung stellten. In der Neuzeit machten sich zahlreiche europäische Philosophen die R.-Idee zu eigen (Belege u. a. bei E. Bock). Zum Teil geschah dies aufgrund der Begegnung mit der fernöstlichen Spiritualität, jedoch so, daß die menschliche Individualität gewahrt blieb. Während sich die anglo-indische →Theosophie an die östlichen Vorbilder anlehnte, kam es R. Steiner darauf an, einen Gedankenweg zur R. zu zeigen und damit eine relative Unabhängigkeit von den Vorstellungen und Glaubensüberzeugungen anderer zu erzielen (→Anthroposophie): „Als physischer Mensch stamme ich von anderen physischen Menschen ab, denn ich habe dieselbe Gestalt wie die ganze menschliche Gattung. Die Eigenschaften der Gattung konnten also innerhalb der Gattung durch Vererbung erworben werden. Als geistiger Mensch habe ich meine eigene

Gestalt, wie ich meine eigene Biographie habe. Ich kann also diese Gestalt von niemand anderem haben als von mir selbst ... Ich muß als geistiger Mensch vor meiner Geburt vorhanden gewesen sein. In meinen Vorfahren bin ich sicher nicht vorhanden gewesen, denn diese sind als geistige Menschen von mir verschieden. Meine Biographie ist nicht aus der ihrigen erklärbar. Ich muß vielmehr als geistiges Wesen die Wiederholung eines solchen sein, aus dessen Biographie die meinige erklärbar ist ... In einem Leben erscheint der menschliche Geist als Wiederholung seiner selbst mit den Früchten seiner vorigen Erlebnisse in vorhergehenden Lebensläufen ..." (R. Steiner, Theosophie).

Lit.: G. Adler, Wiedergeboren nach dem Tode? Frankfurt 1977; M. von Brück, Reinkarnation, in: Lexikon der Religionen. Freiburg 1987; E. Bock, Wiederholte Erdenleben. Stuttgart [6]1975; R. Frieling, Christentum und Wiederverkörperung; M. Hoffmeister, Reinkarnation. Achberg 1980; R. Steiner, Wiederverkörperung (Themen aus dem Gesamtwerk 9). Stuttgart 1982.

Rosenkreuzer, die im Zeichen von Kreuz und Rose angetretene neuzeitliche Geistesbewegung. Sie geht auf den schwäbischen Theologen Johann Valentin Andreae (in der Anfangszeit des →Pietismus) zurück, der zwischen 1614 und 1616 drei anonyme Schriften, darunter →Chymische Hochzeit Christiani Rosenkreutz – Anno 1459" im Druck erscheinen ließ. Er erweckte darin den Eindruck, es existiere seit langem der bislang verborgen arbeitende Orden der R. Auch wenn man bedenkt, daß esoterische Tatbestände, Lehren und Bewegungen durch die →Arkandisziplin geschützt wurden, ist zu betonen, daß vor Veröffentlichung dieser rosenkreuzerischen Manifeste keine historischen Spuren dieser angeblichen Ordensbewegung nachzuweisen sind. Die Lebensumstände, auch Andreaes eigene Reaktionen – sein Familienwappen vereinigt das Andreaskreuz mit vier Rosen! – unterstreichen die Resultate der Forschung. Bemerkenswert ist andererseits die Faszination, die die drei Manifeste binnen kurzer Zeit ausübten. Auch eine heftige gegnerische Reaktion blieb nicht aus.

Die Geistesart der R. ist ein Musterbeispiel christlicher Esoterik, wobei der Zeitpunkt der Abfassung der Schriften als eine typische Wendezeit angesichts der heraufkommenden Naturwissenschaft im frühen 17. Jahrhundert und der kosmologischen Neuorientierung mitzuberücksichtigen ist. Das sich hier artikulierende rosenkreuzerische Christentum möchte die empirisch und quantitativ arbeitende Naturwissenschaft mit einer spirituell-qualitativ ausgerichteten Weltbetrachtung verbinden. Insofern sind die R. mit dem Geistesstreben Jakob Böhmes eng verwandt. Zum Wesen rosenkreuzerischer Spiritualität gehört sodann der initiatische Aspekt (→Initiation). Es geht den R. nicht allein um eine „Generalreformation der ganzen Welt" im Sinne einer nur äußeren Veränderung. Entscheidend liegt ihnen daran, einen →inneren Weg zu zeigen. Er findet sich knapp zusammengefaßt in dem R.-Mantram (→Mantram), das bereits in „Fama Fraternitatis" (1614) enthalten ist und das sich als eine Meditationsformel anbietet:

Aus Gott sind wir geboren,
In Jesu sterben wir,
Durch den (Hl.) Geist werden wir wiedergeboren.

Damit ist Wesen und Ziel der →Transformation des rosenkreuzerischen Esoterikers umrissen. Nach dem mystischen Sterben, d.h. der Aufgabe des alten Menschen, hat eine →Wiedergeburt zu erfolgen. Wie die Biographie Andreaes zeigt, war er selbst gewillt und bereit, praktische soziale Folgerungen aus diesem neuen Sein zu ziehen und darüber hinaus den Blick auf eine christliche Utopie (Zukunftsgesellschaft) zu richten, etwa in der Schrift „Christianopolis", der noch Ernst Bloch in „Prinzip Hoffnung" gebührende Aufmerksamkeit geschenkt hat. Der dritte Gesichtspunkt, der das Wesen der R. ausmacht, ist der Ordensgedanke. Gedacht ist an eine brüderschaftliche Verbindung von Menschen (d.h. Männern!), die durch die gemeinsame Zielsetzung und durch ein geistliches Leben, u.a. durch alljährliche Zusammenkünfte an Pfingsten, dem Fest der Geistesausgießung, aneinander gewiesen sind, Erkenntnisarbeit leisten und sich um die Krankenpflege kümmern. Alle diese Elemente lassen die Gemeinschaft des imaginären Christian Rosenkreuz zunächst als eine Zielangabe erscheinen. Der angebliche Ordensstifter trägt selbst nach dem

Willen des Autors archetypische, jedoch keine historisch faßbaren Züge. Und eben diese Archetypik ist es, die die nachhaltige Wirkung der R.-Idee immer wieder verständlich macht. Hatte J. V. Andreae als Verfasser der R.-Schriften große Mühe, seine Autorschaft bald zu leugnen, bald als belanglose Spielereien eines phantasievollen jungen Mannes herunterzuschrauben, der R.-Gedanke als solcher wurde und wird bis heute vielfach zu Gemeinschafts- und Lehrbildungen in Anspruch genommen. So bildete sich in der zweiten Hälfte des 18. Jahrhunderts der Orden der Gold- und Rosenkreuzer aus, eine betont antiaufklärerische Bewegung mit nicht unbeträchtlichem politischen Einfluß in Deutschland. Im Laufe der Zeit haben sich mehrere miteinander konkurrierende R.-Gemeinschaften gebildet. Im 20. Jahrhundert waren dies die zur Zeit aktiven: der „Alte mystische Orden vom Rosenkreuz" (Antiquus mysticus ordo rosae crucis / Ancient order of the rosy cross – AMORC), 1916 von H. Spencer Lewis (1883–1936) in New York gegründet, eine 16 Grade der Einweihung unterscheidende Gemeinschaft. Sie versteht sich als die „größte und älteste Bruderschaft der Welt", weil sie einer altägyptischen Mysterienschule des 2. vorchristlichen Jahrtausends (!) entstamme und im übrigen der übersinnlich vorgestellten „großen weißen Bruderschaft" unterstellt sei. – 1909 hatte der aus theosophischen Zusammenhängen kommende, in mancher Hinsicht an Rudolf Steiner anknüpfende Max Heindel (1865–1919) die „Rosenkreuzer-Gemeinschaft" gegründet. – Begründer des „Lectorium Rosicrucianum" ist Jan van Rijckenborgh (d. i. Jan Leene, gest. 1968), eine weit verbreitete Mysterienschule mit Hauptsitz in Haarlem/Niederlande. – 1969 konstituierte sich unter dessen Sohn Henk Leene in Haarlem und Kassel die „Gemeinschaft Roseae Crucis", die sich 1972 in „Esoterische Gemeinschaft Sivas" umbenannte. – Diese und eine Anzahl weiterer kleinerer, sich auf die geistige Kontinuität mit den alten R. berufenden Gruppen unterscheiden sich nach Lehre und Traditionsanspruch, auch hinsichtlich ihrer Einstellung zum Christentum, d. h. zur christlichen Esoterik. Dazu kommt, daß noch andere weltanschaulich-esoterische Bewegungen sich der rosenkreuzerischen Spiritualität verpflichtet fühlen, ohne sich als spezielle R.-Gemeinschaft zu begreifen. Das gilt vor allem für die → Anthroposophie R. Steiners, der sich in zahlreichen Vorträgen über die „Theosophie des R." geäußert hat und sich auf die Inspiration des Christian Rosenkreuz berief.

Lit.: Die drei Grundschriften der Rosenkreuzer sind enthalten in: Die Bruderschaft der Rosenkreuzer, hrsg. von G. Wehr. Köln 1984; K. R. H. Frick, Weltanschauungen des modernen Illuminismus, in: Kursbuch der Weltanschauungen. Frankfurt–Berlin 1980; W. E. Peuckert, Das Rosenkreuz. Berlin ²1973; H. Reinalter (Hrsg.), Freimaurer und Geheimbünde. Frankfurt 1983; H. Schick, Die geheime Geschichte der Rosenkreuzer (1942). Schwarzenburg 1980; G. Wehr, Esoterisches Christentum. Stuttgart 1975; F. A. Yates, Aufklärung im Zeichen des Rosenkreuzes. Stuttgart 1975.

S

Satori (jap. „satoru“, erkennen), im →Zen-Buddhismus die Bezeichnung für die Bewußtseinsverfassung des Erwachtseins (→Erleuchtung), bisweilen auch „Kensho“ (Wesensschau) genannt, weil es sich nicht um ein rationales Erkennen handelt, das sich zudem wie jede intensive innere →Erfahrung einer Beschreibung entzieht. Daher D. T. Suzuki: „Jeder Versuch, diese Erfahrung mit Worten zu beschreiben oder gar zu analysieren, mißlingt mit Notwendigkeit, aber offenbar handelt es sich um die überwältigende, ja geradezu umstürzende reine Erfahrung des Weltzusammenhangs des letzten Seins“ (Zen und die Kultur Japans). Vor allem darf S. nicht mit „Makyo“ (etwa: Teufelsbereich) verwechselt werden, das bzw. der sich im Laufe der Zen-Meditation in Form von visionär-halluzinatorischen Erscheinungen oder von vermeintlichen Stimmen (Auditionen) manifestieren kann. Diese Phänomene verschwinden während der weiteren Übung, sofern man sich durch sie nicht irritieren läßt. Nach Enomiya-Lassalle entspricht S. einer Intuition, bei der man jedoch nicht etwas Neues, Einzelnes wahrnimmt. Vielmehr entspricht S. am ehesten einer Gesamtschau bzw. Selbstschau von überrationaler und unmittelbarer Eindrücklichkeit. Oder unter anderem Aspekt: „In der Erleuchtung oder Wesensschau, wie sie im Zen verstanden wird, muß nun zur Erfahrung des Absoluten oder des ursprünglichen →Selbst noch etwas hinzukommen, nämlich die Erkenntnis, daß auch die phänomenale Welt ebenso wirklich ist wie das absolute Sein, daß also beide ein und dasselbe sind. Das ist rational ein offenbarer Widerspruch, der nur durch ein Überschreiten des rationalen Denkens überwunden werden kann“ (H. M. Enomiya-Lassalle, Zen und christliche Spiritualität).

Lit.: G. Ital, Auf dem Wege zu Satori. München 1971; H. M. Enomiya-Lassalle, Zen. Weg zur Erleuchtung. Wien–Freiburg 1960 ff.; ders., Zen und christliche

Spiritualität. München 1987; G. Schüttler, Die Erleuchtung im Zen-Buddhismus. Freiburg–München 1974; D. T. Suzuki, Satori. Der Zen-Weg zur Befreiung. München 1987.

Seele (griech. „psyche"; lat. „anima"), hat als Grundbegriff der Menschenkunde in Philosophie und Theologie, in der Psychologie, nicht zuletzt in der Esoterik sehr unterschiedliche Wesensbestimmungen erfahren. Je nach Bewußtseinsart und Wirklichkeitsverständnis differieren die Definitionen des S.-Begriffs. Bald faßt S. menschliche Fähigkeiten (Empfinden, Wahrnehmen, Fühlen, Denken u. ä.) zusammen, bald bezeichnet S. eine die menschlichen wie die nichtmenschlichen Körper durchdringende Lebenskraft. Im Unterschied zum Alten Testament, das auf die Einheit von „Leib und S." achtet, trennt das vorwiegend dualistisch ausgerichtete griechische Denken die beiden Prinzipien. Demnach existiert die S. vor ihrer Einkörperung in den Leib (Präexistenz) und nach dem Tod, d. h. nach der Trennung vom Leib (Unsterblichkeit). Damit ist der Weg frei zur Vorstellung der → Reinkarnation (Wiederverkörperung).

Eine wichtige Station der neuzeitlichen S.-Vorstellung ist durch R. Descartes bezeichnet, der das Körperliche (res extensa) und das Denkende (res cogitans) dualistisch trennte. Die auf ihm basierende Psychologie verstand unter der S. in erster Linie das → Bewußtsein. Das lange vernachlässigte → Unbewußte wurde durch die Romantik wiederentdeckt, schließlich in der modernen Tiefenpsychologie wissenschaftlich erforscht und in seiner Bedeutung für die Psychotherapie bzw. Psychosomatik fruchtbar gemacht. In diesem Zusammenhang ist die qualitative Erweiterung des → Bewußtseins zu erwähnen, bei der es darauf ankommt, einen → inneren Weg zu betreten und zur Integration bislang unbewußter Inhalte zu gelangen. Damit sind Bereiche der → Esoterik betreten.

Lit.: A. Resch, Psyche und Geist. Innsbruck 1986; C. G. Jung, Wirklichkeit der Seele. Zürich 1934; ders., Seelenprobleme der Gegenwart. Zürich 1931; R. Treichler, Die Entwicklung der Seele im Lebenslauf. Stuttgart 1981; B. Lievegoed, Der Mensch an der Schwelle. Stuttgart 1985; R. Steiner, Spirituelle Psychologie (Themen aus dem Gesamtwerk 11). Stuttgart 1984.

Seelenwanderung → Reinkarnation.

Sefiroth, in der → Kabbala die Bezeichnung für die Gesamtheit der zehn mystischen Sphären, Emanationen oder Kräfte der an sich verborgenen Gottheit (→ En-Sof). Die Kabbalisten veranschaulichten sich diese urbildliche Zehnheit in der Gestalt des S.-Baumes bzw. unter dem anthropologischen Gleichnisbild des → Adam Kadmon. Die die einzelnen Aspekte oder Qualitäten bzw. Wirkweisen der Gottheit bezeichnenden Namen sind (nach G. Scholem):

1. Kether Eljon, die ‚höchste Krone' der Gottheit;
2. Chochma, die ‚Weisheit' oder Uridee Gottes;
3. Bina, die sich entfaltende ‚Intelligenz' Gottes;
4. Chessed, die ‚Liebe' oder ‚Gnade' Gottes;
5. Gebura oder Din, die ‚Macht' Gottes, die sich vor allem als strafende Macht und richtende Gewalt darstellt;
6. Rachamim, die zwischen den Gegensätzen der beiden vorigen S. ausgleichende ‚Barmherzigkeit' Gottes. Die in den andern kabbalistischen Werken am meisten übliche Bezeichnung als Tifereth wird im Sohar relativ selten gebraucht.
7. Nezach, die ‚beständige Dauer' Gottes;
8. Hod, die ‚Majestät' Gottes;
9. Jessod, der ‚Grund' aller wirkenden und zeugenden Kräfte Gottes;
10. Malchuth, das ‚Reich' Gottes, im Sohar meistens als Knesseth Jisrael, das mystische Urbild der Gemeinde Israel, oder als Schechina bezeichnet.

Noch eine Reihe anderer Umschreibungen sprechen z. B. von den zehn „mystischen Kronen des heiligen Königs", d. h. Gottes, von den „Gesichtern des Königs", vom „Antlitz Gottes" oder von den „Gewändern der Gottheit". Gemeinhin gelten die S. als das aus der Gottheit herausstrahlende Licht („Abglänze").

Lit.: G. Scholem: Die jüdische Mystik in ihren Hauptströmungen. Frankfurt 1957.

Selbst. Jede spirituelle Menschenkunde oder esoterische Psychologie unterscheidet das empirische, in der gegenständlichen Welt und in den zwischenmenschlichen Beziehungen sich auslebende Ich von der eigentlichen menschlichen Wesensmitte, dem S. Psychologisch gesehen stellt es einen zentralen menschlichen →Archetypus dar. So betrachtet, umfaßt das S. →Bewußtsein und überpersönliches →Unbewußtes. Der Buddhist erstrebt dieses S. auf dem Weg zur Buddhaschaft; der Christ erlebt sich mystisch verbunden in Christus als seinem eigentlichen S.: „Ich lebe zwar, aber im Grunde lebe nicht ‚ich', sondern Christus lebt in mir" (Gal 2,20). Zentrale Aussagen christlicher Esoterik beziehen sich auf dieses verborgene, jedoch zur Offenbarung und Verwirklichung drängende S., etwa in den Ich-bin-Worten des Johannesevangeliums. Gleichzeitig ist klar: „Es ist noch nicht erschienen, was wir sein werden..." (1 Joh 3,2); d.h. die volle S.-Verwirklichung ist nicht beliebig machbar, vor allem ist sie nicht weltimmanent. Jedes esoterisch sich darstellende Bemühen um S.-Verwirklichung ist daraufhin zu prüfen, ob nicht „Menschlich-Allzumenschliches" sich Geltung verschafft und pseudo-spiritueller Egoismus, „spiritueller Materialismus" (Chögyam Trungpa) das Haupt erhebt. Wesentlich für die S.-Werdung (bei C. G. Jung: „Individuation") ist es, daß in einem Prozeß der seelisch-geistigen Reifung unbewußte Projektionen (u.a. Feindbilder) zurückgenommen und die eigene Negativität (der „Schatten") akzeptiert werden. Dazu kommen noch weitere Stationen, die auch im Blick auf einen Erkenntniszuwachs und auf eine qualitative Erweiterung des →Bewußtseins zu durchlaufen sind. Bedeutsam und aussagekräftig ist hierbei die →Symbolik des Weges, ob es sich um den Weg des Paulus nach Damaskus, um Parzivals Suche nach dem →Gral, um J. Bunyans Pilgerreise usw. handelt, immer tritt der an sich unanschauliche Archetypus des Selbst bzw. der S.-Werdung als eine spezielle Weise menschlicher Erfahrung ins Bild.

Lit.: C. G. Jung, Christus – ein Symbol des Selbst, in: Ges. Werke 9/II; J. Jacobi, Die Psychologie von C. G. Jung. Zürich 1959; E. Harding, Selbsterfahrung – Bunyans Pilgerreise. Zürich 1959; G. Wehr, Stichwort Damaskuserlebnis. Stuttgart 1982; ders., C. G. Jung und Rudolf Steiner. Stuttgart 1972.

Sohar (hebr. „Sefer ha-Sohar", Buch des Glanzes bzw. des Strahlens), die wichtigste, zugleich berühmteste Grundschrift der jüdischen Mystik des Mittelalters (→Kabbala). „Sein Platz in der Geschichte der Kabbala kann daran ermessen werden, daß es in der nachtalmudischen rabbinischen Literatur ein kanonischer Text wurde, der während mehrerer Jahrhunderte sich neben der Bibel und dem Talmud behaupten konnte..." (G. Scholem). Folgt man dem teils hebräischen, teils aramäischen Text, dann sind die Lehrreden und die im Geist der →Mystik ausgeführten Bibelinterpretationen auf Rabbi Simon ben Jochai (Schimon bar Jochai) sowie dessen Sohn Eleasar zurückgeführt, die im 2. Jahrhundert in Palästina gelebt und gewirkt haben. Tatsächlich aber muß das umfangreiche Werk im Spanien (Kastilien) des 13. Jahrhunderts niedergeschrieben worden sein. Als Autor gilt für den größten Teil des S. der spanische Kabbalist Moses de Leon (Mosche ben Schem Tob von Leon, gest. 1305). In einer Anzahl verschiedener ineinander verarbeiteter Schriften, die sich mit Themen der Schöpfung, Geheimnissen der Seele und der Wiederverkörperung, der kommenden Welt, der mystischen Bedeutung der Gebote, mit Unterweisungen über den Urmenschen (→Adam Kadmon) sowie mit der Besprechung der sieben himmlischen Paläste beschäftigen, sind die Lehren der Kabbala zusammengefaßt und weiterentwickelt. Danach gibt sich der in einem unzugänglichen Dunkel verharrende Gott, „En Sof" (der Unendliche), in den zehn →Sefirot zu erkennen. Wenngleich nicht unumstritten, so hat der S. erst im Laufe der Zeit die erwähnte hohe Einschätzung erfahren. Der Baal-Schem-Tob, Rabbi Israel ben Elieser, der Begründer des ostjüdischen →Chassidismus, fällte das Urteil: „Wenn ich das Buch S. öffne, so schaue ich die ganze Welt." Auf die Ambivalenz des Buches kommt Martin Buber in seinen chassidischen Büchern zu sprechen: „Mitten unter rohen Anthropomorphismen, die durch allegorische Ausdeutung nicht erträglicher werden, mitten unter öden und farblosen Spekulationen, die in einer verdunkelten, gespreizten Sprache einherstelzen, leuchten wieder und wieder Blicke der verschwiegenen Seelentiefen auf." Die dreibändige Erstausgabe des S. erfolgte 1558–1560 in Mantua. Eine lateinische (Teil-) Übersetzung, „Cabbala Denudata" (1677–1684) besorgte Christian Knorr von Rosenroth, ein wichtiger Vertreter der →christlichen Kabbala. Auf sie geht (lt. G. Scholem) offensichtlich das in H. P. Blavatskys „Die Geheimlehre" enthaltene mysteriöse Buch „Dzyan" zurück, das sich an die S.-Schrift „Sifra Di-Zeniutha" anlehnt. So gesehen läßt sich die Nachwirkung dieser Grundschrift der Kabbala bis ins Schrifttum der →anglo-indischen Theosophie verfolgen. In deutscher Sprache liegen nur knappe Auswahleditionen des S. vor. Ersatzweise läßt sich die fünfbändige englische Übersetzung von Harry Sperling und Maurice Simon (London 1931–34; revidiert 1956 bzw. 1973) verwenden.

Lit.: Der Sohar. Das heilige Buch der Kabbala, hrsg. von E. Müller. Wien 1932; Köln 1982; E. Müller, Der Sohar und seine Lehre. Einführung in die Kabbala. Zürich ³1959; G. Scholem, Die jüdische Mystik in ihren Hauptströmungen. Zürich 1957; G. Stemberger, Geschichte der jüdischen Literatur. München 1977.

Sophia (hebr. „Chochma", griech. „Sophia", lat. „Sapientia", Weisheit), ist ein Grundbegriff der christlichen →Esoterik, auch der →Mystik und der religiösen Überlieferung im allgemeinen. S. verweist auf ein ganzheitliches Gottes- und Menschenbild (→Androgynität). Die göttliche S. spielt im Alten Testament die Rolle einer „Werkmeisterin" (so M. Luther) an der Seite des Schöpfers (vgl. u.a. Sprüche Salomonis 8,30). Sie gilt sodann in der Christenheit als das geistig-geistliche Urbild der Maria. In der jüdischen Mystik (→Kabbala) wird ihr ebenfalls zentrale Bedeutung zugesprochen, z.B. als eine Äußerungsform Gottes im →Sefiroth-Baum. Das geschieht in deutlichem Gegensatz zu der als orthodox anzusehenden rabbinischen Theologie. Nicht nur die Ostkirchen haben sodann eine Lehre von der „Heiligen Weisheit" (Hagia S.) ausgebildet. Dennoch vermied es die Theologie des östlichen wie des west-

lichen Christentums, die göttliche Trinität durch die S. zu einer göttlichen Vierheit (Quaternität) zu erweitern.
Reich bezeugt sind indes Erfahrungen mit der göttlichen S. Auffälligerweise geschah dies selbst im Protestantismus. Insbesondere der lutherische Mystiker und Theosoph Jakob Böhme (1575–1624) spricht an zentralen Stellen seines umfangreichen literarischen Werks von der göttlichen S. Zum einen ist sie auch für ihn die Gottesweisheit (→Theosophie), die ihm aus der Schöpfung entgegenleuchtet. Zum anderen verweist er auf die ursprüngliche Ganzheit des Menschen, der von androgyner Wesensgestalt gewesen sei, ehe es zum tragischen Sündenfall kam und Eva aus der Seite Adams geschaffen, d.h. die Zweiheit der Geschlechter entstanden war. Damit sei die Teilhabe an der S. verloren gegangen. Die Sehnsucht nach dem Wiedergewinn der verlorenen Wesensseite, die das Männliche und das Weibliche von neuem vereint, sei erst durch Christus erfüllt worden, indem er das verlorene ganzheitliche Menschenbild durch seinen Opfertod erneuert habe.
Böhmes Schau hat nachhaltig gewirkt. Am bekanntesten sind seine Einflüsse auf Novalis („Christus und Sophie") und Franz von Baader in der deutschen Romantik, sodann auf die russischen Philosophen Solowjow und Berdjajew. Neben dem Beitrag, den die Dichter und Denker der Romantik im Blick auf die Reintegration des Menschen geleistet haben, ist die archetypische Psychologie C. G. Jungs (1875–1961) zu nennen, die ein vertieftes Verständnis des →Selbst bei Mann und →Frau eröffnete. Auch wenn in letzter Zeit Stimmen laut wurden, wonach sich bei Jung typisch männliche Projektionsprozesse abgespielt hätten, die der Eigenart der weiblichen Psyche nicht gerecht werden, so hat er doch wesentliche Voraussetzungen für den Prozeß der Selbstverwirklichung (→Individuation) aufgedeckt und bewußt gemacht, indem er die einzelnen Stationen auf dem Weg zu vollmenschlicher Reife aufzeigte. Erstaunlich ist in diesem Zusammenhang die hohe Einschätzung des letzten Mariendogmas (d.h. die Lehre von der Aufnahme Mariens „mit Leib und Seele" in den Himmel, 1950) durch den Protestanten Jung. Was man in einer mehrtausend-

jährigen Religionsgeschichte als →Heilige Hochzeit bzw. als die Hochzeit mit der Jungfrau S. in →Gnosis und Esoterik ersehnt, bedacht und gefeiert hat, das erfuhr durch die Jungsche Tiefenpsychologie eine erkenntnismäßige Beleuchtung. Darüber hinaus ist gerade heute zu bedenken, welche enge, bereits von J. Böhme gesehene Wechselbeziehung zwischen S. und der Natur besteht und welche Konsequenzen sich daraus ergeben, einerseits für eine neue Beziehung zur Schöpfung (Öko-Ethik; „Ehrfurcht vor dem Leben"), andererseits für eine vertiefte Wesensbestimmung der Frau.

Lit.: G. Arnold, Das Geheimnis der göttlichen Sophia (1700). Stuttgart 1963; E. Benz, Adam, der Mythos vom Urmenschen. München 1955; J. Böhme, Die Morgenröte bricht an. Freiburg 1983; C. Mulack, Die Weiblichkeit Gottes. Stuttgart 1983; G. Wehr, Heilige Hochzeit. München 1986.

Sufismus (arab. „Sufiya", geläutert, auserwählt als Gottesfreund; etymologisch exakt: „suf", Wolle, gemäß dem Wollgewand der ersten Sufis). Der S. ist Inbegriff der islamischen Mystik und Esoterik. Er basiert auf Islam, d.h. auf der totalen Hingabe an Allah, wie sie jedem Muslim obliegt. Er gipfelt in reiner, selbst ekstatischer Gottesliebe, in den Formen ihrer höchsten und intensivsten Steigerung. Eingeführt wurde sie von Rabi'a, einer Frau aus Basra, im 8. Jahrhundert. Von da entfaltete sich der S. als eine mystische Bewegung; anfangs war er betont asketisch und auf die Meditation des Koran konzentriert. In den muslimischen Verbreitungsgebieten fand der S. im Laufe der Jahrhunderte unterschiedlich geprägte Ausformungen. Dazu gehören die hymnischen Lobpreisungen des Schöpfers, der Wirbeltanz der Derwische, Techniken zur Herstellung eines erhöhten →Bewußtseins, die Entfaltung einer sublimen Licht-Mystik bis hin zu den großen Dichtungen, für die vor allem der in Persien entwickelte S. beispielhaft geworden ist. Immer kam und kommt es darauf an, zur Unmittelbarkeit der Gotteserfahrung zu gelangen, den inneren Pfad zu gehen, um nur ja nicht bei einer bloßen legalistischen Koran-Auslegung stehen zu bleiben. Mit der individuellen Erfahrung verbanden sich im S. schon früh Vorstellungen der neuplatonischen Philosophie, die Ursprung und Hinkehr zum

Ureinen thematisiert hat. Noch wichtiger als das Eindringen in die schriftlich fixierte Lehre ist der Anschluß, den man zur lebendigen Tradition, d.h. zum „Wissen, das von Gott stammt", bekommt. Erlangt wird es durch →Initiation, die ein spiritueller →Meister (Scheik bzw. Pir) vermittelt. An der Spitze der vielen Zeugen sufischer Spiritualität gehört Mansur al-Halladsch, der unverstanden 922 als Ketzer hingerichtet wurde. Von ihm wird überliefert: „Wahre Esoterik, deren Äußeres ist das Religionsgesetz, und wer die Wahrheit im Äußeren des Religionsgesetzes genau erforscht und verwirklicht, dem wird auch ihr Inneres enthüllt, und dieses Innere ist die Kenntnis Gottes."

Lit.: T. Burckhardt, Vom Sufitum. München 1953; A. Schimmel, Mystische Dimensionen des Islam. Köln 1986; dies., Al-Halladsch. Freiburg 1985; F. Schuon, Den Islam verstehen. München–Bern 1988.

Symbol(e) (griech. „symballein", zusammenwerfen, zusammenfügen). Das S. gehört zum Grundbestand kulturellen Schaffens, speziell aller Religion und jeder sinnlich-spirituellen →Erfahrung. Wohl lassen sich durch Begriff und Definition Sachverhalte klären, Tatbestände auf Eindeutigkeit hin fixieren. Aber die mehrdimensionale Fülle und die Sinntiefe der Wirklichkeit wird erst durch das S. zum Ausdruck gebracht. Das geschieht u.a. durch einfache graphische Sinnzeichen (Strich, Kreis, Kreuz, Dreieck, Quadrat, Pentagramm, Hexagramm), durch Natur-S. (Baum, Weinstock, Ähre, Rose, Fisch, Lamm, Adler, Schlange), durch Gegenstände, die die Menschenhand schuf (Gefäß, Haus, Schiff, Anker, Rad), sodann durch die Farbe, die →Zahl, die ihrerseits Symbolisches ausdrücken, indem sie Wirklichkeit und Wirkung beschwören. Sie alle können einzeln oder in „symbolischer" Zusammenfügung der Vergegenwärtigung einer geistigen Botschaft dienen. So gesehen weisen echte S. über sich hinaus. Das Sinnenhafte an ihnen wird zum Sinnhaltigen. Das Konkrete am S., und sei es stark stilisiert, offenbart dem, der sich um dessen esoterische Bedeutsamkeit bemüht, die inspirierende und impulsierende Potenz, die von dem betreffenden S. ausstrahlt, und zwar bis hin zu den emotional aufgeladenen politisch gebrauchten bzw. mißbrauchten S.-Zeichen (Hakenkreuz, Davidstern, Hammer und Sichel usw.). „Das S. erweckt Ahnung, die Sprache kann nur erklären ... Bis in die geheimsten Tiefen der Seele treibt das S. seine Wurzel, die Sprache berührt wie ein leiser Windhauch die Oberfläche des Verständnisses ... Nur dem S. gelingt es, das Verschiedenste zu einem einheitlichen Gesamteindruck zu verbinden ... Worte machen das Unendliche endlich, S. entführen den Geist über die Grenzen des Endlichen, Werdenden, in das Reich der unendlich seienden Welt. Sie erregen Ahnung, sind Zeichen des Unsagbaren, unerschöpflich wie dieses", betont der S.- und Mythenforscher J. J. Bachofen. In der Tradition dieses u.a. von Goethe herkommenden S.-Verständnisses liegt auch die →Analytische Psychologie C. G. Jungs. Demnach liegt dem S. die Wirkkraft des →Archetypus zugrunde. Weil dies oft verkannt wird, indem man ein eindeutiges, somit nur eindimensionales Zeichen mit dem Sinnfülle bergenden S. verwechselt, betont Jung: „Ein Ausdruck, der für eine bekannte Sache gesetzt wird, bleibt immer ein bloßes Zeichen und ist niemals S. Es ist darum ganz unmöglich, ein lebendiges, d.h. bedeutungsschwangeres S. aus bekannten Zusammenhängen zu schaffen." Wo die Sprache ihre Unzulänglichkeit erweist, nämlich angesichts des →Mysteriums, da kommt das S. zur Geltung. Es „spricht" in die durch strikte →Arkandisziplin erzwungene äußere wie innere Schweigsamkeit hinein. In den →Mysterien von Eleusis wurde den Mysten, d.h. dem durch die →Einweihung Vorbereiteten eine abgeschnittene Ähre, S. der Demeter, gezeigt. Und nur unter Zuhilfenahme des S. ist die mystische Erfahrung bezeugbar: Das Fünklein und die Burg („Bürglein") in den Predigten des Meisters Eckhart; Kreuz und Rose kennzeichnen den Geistessucher, der sich zur →Chymischen Hochzeit auf den Weg macht; die Lilie und die „Morgenröte im Aufgang" (→Aurora) gehören zum reichen S.-Bestand Jakob Böhmes und der an ihn anknüpfenden christlichen →Theosophie ... Mit bloßer Aneinanderreihung von S. kann es nicht getan sein; entscheidend ist einst wie heute das Erlebnis durch das die innewohnenden Potenzen ins Bewußtsein gehoben und freigesetzt werden. Letztlich ist der Mensch selbst das S. aller Symbole ... S.-Erkenntnis ist Selbst-Erkenntnis und Welterkenntnis in einem.

Lit.: W. Bauer / I. Dümotz u.a. (Hrsg.), Bildlexikon der Symbole. München 1980; G. Heinz-Mohr, Lexikon der Symbole. Köln 1971; J. Jacobi, Komplex, Archetypus, Symbol in der Psychologie C. G. Jungs. Zürich 1957; H. Kessler, Das offenbare Geheimnis. Das Symbol als Wegweiser in das Unerforschliche ... Freiburg 1977; P. Rech, Inbild des Kosmos. Eine Symbolik der Schöpfung I/II. Salzburg 1966; A. Rosenberg, Einführung in das Symbolverständnis. Freiburg 1984; J. Seibert, Lexikon christlicher Kunst. Freiburg 1980; E. Urech, Lexikon christlicher Symbole. Konstanz 1974.

Synkretismus (griech. „synkretismós"), ursprünglich bei dem antiken Autor Plutarch der Zusammenschluß von untereinander zerstrittenen Gemeinwesen auf Kreta, um gemeinsame äußere Feinde effektiver abwehren zu können, – bezeichnet der Begriff heute die Vermischung bzw. den Versuch der Verschmelzung nicht zusammengehöriger religiös-weltanschaulicher Lehren oder Gedankensysteme. Als geschichtliches Musterbeispiel für S. kann die hellenistische Kultur angeführt werden, in der die zahlreichen ägyptischen und vorderasiatischen Religionen, Kulte und →Mysterien u.a. mit griechischen Vorstellungen vermengt wurden. „Die Idee des Geheimkultes ließ zahlreiche Mysteriengemeinschaften im Dienst griechischer und orientalischer Gottheiten entstehen. Viele sich gegenseitig nicht ausschließender Mitgliederkreise bereiteten den Weg, daß die meisten im 3. nachchristlichen Jahrhundert in einer synkretistisch-pantheistischen Solarreligion aufgehen konnten. →Gnosis und →Hermetik wurden in mehreren Religionen gleichermaßen heimisch. Mit dem Manichäismus entstand eine Weltreligion als Produkt bewußter Götter- und Religionssynthese" (K. Hoheisel). Es liegt in der Natur mystischer sowie esoterischer Bestrebungen (z.B. in der angloindischen →Theosophie) synkretistische Tendenzen zu fördern. Wohl sollte es darum gehen, im Blick auf eine →Ökumene des Geistes innere Gemeinsamkeiten bei gegenübertretenden Religionen und Weltanschauungen zu ermitteln, um einen geistigen Brückenschlag zu ermöglichen. Von

Fall zu Fall wird aber zu prüfen sein, wie weit die Annäherung gehen kann, berücksichtigt man Ursprung, Zielrichtung und Bewußtseinsstruktur der zur Begegnung bereiten Partner. Der aktuellen Notwendigkeit der Synopse (Zusammenschau) steht die im S. bisweil vorschnell praktizierte und somit problematische Synthese (Zusammenführung) gegenüber.

Lit.: G. Mensching / H. Kraemer in: Religion in Geschichte und Gegenwart (RGG, 3. Aufl.); J. Aagaard in: Ökumene-Lexikon. Frankfurt 1983; K. Hoheisel in: Lexikon der Religionen. Freiburg 1987.

T

Tabula Smaragdina (lat., „Smaragdene Tafel"), angeblich das geistige Vermächtnis des mythischen Hermes Trismegistos, auf den die →Hermetik zurückgeführt wird. Sie gilt als „das einzige absolut authentische Stück des ganzen →‚Corpus Hermeticum'" (V. Tomberg), d.h. der Grundschriften des antiken Hermetismus. Die aus 12 bzw. 13 Sätzen bestehende T.S. gipfelt in der Lehre von den Entsprechungen, die zwischen der (unteren) Erscheinungswelt und der (oberen) geistigen Welt besteht. Die älteste im Westen bekannt gewordene Fassung der T.S. geht in die Zeit und in den Umkreis des Albertus Magnus (gest. 1280) zurück, wenngleich ältere arabische bzw. syrische Fassungen entdeckt wurden. In der vollständigsten Ausgabe des von W. Scott (Hermetica I/IV, Oxford 1924) hrsg. Corpus fehlt die T.S. – Der lateinische Albertus- bzw. Pseudo-Albertus-Text lautet:

1. Wahr, ohne Lüge, sicher und vollkommen wahrhaftig (ist):
2. Was unten ist, ist wie das, was oben ist, und was oben ist, ist wie das, was unten ist, um die Wunder des Einen zu vollbringen. (Quod est inferius, est sicut id quod est superius, et quod est superius, est sicut id quod est inferius, ad perpetranda miracula rei unius.)
3. Und wie alle Dinge aus Einem gewesen und gekommen sind durch die Meditation des Einen, so sind alle Dinge von diesem Einen durch Anpassung geboren.
4. Sein Vater ist die Sonne, seine Mutter ist der Mond; der Wind hat es in seinem Schoß getragen; seine Ernährerin ist die Erde.
5. Der Vater von allem Grundwillen der ganzen Welt ist hier.

6. Seine Kraft ist vollständig, wenn sie in die Erde umgewandelt sein wird.
7. Du wirst die Erde vom Feuer trennen, das Feine vom Groben, sanft, mit großer Geschicklichkeit.
8. (Der Grundwille) steigt von der Erde auf zum Himmel, und er steigt wieder herab zur Erde, und er empfängt die Kraft der oberen und unteren Dinge. Auf diese Weise wirst du den Ruhm der ganzen Welt erlangen. Darum wird alle Dunkelheit vor dir fliehen.
9. Dies ist die starke Kraft aller Kraft: denn sie wird alles Feine besiegen und alles Feste durchdringen.
10. So ist die Welt erschaffen worden.
11. Daher wird es wunderbare Angleichungen geben, deren Art und Weise sich hier findet.
12. Darum bin ich Hermes Trismegistos genannt worden, weil ich die drei Teile der Philosophie der ganzen Welt besitze.
13. Erfüllt ist, was ich von dem Wirken der Sonne gesagt habe.

Naturgemäß ist auch die T. S. mit Textvarianten überliefert. Wesentlich ist dagegen, daß das Prinzip der Entsprechungen, die Grundvorstellung aller Hermetik, der →Gnosis, →Astrologie, →Alchemie, →Magie usw. mitbestimmt. Philosophie und Theologie partizipieren auf ihre Weise an dieser Erkenntnis. „Und so ist offenbar, daß die ganze Welt wie ein einziger Spiegel ist, voll von Lichtern, die die göttliche Weisheit (→Sophia) darstellen, und wie eine lichtsprühende Kohle“ (Bonaventura). Dabei ist mit V. Tomberg zu bedenken, „daß die Methode der Analogie nicht unfehlbar ist, daß sie aber zur Entdeckung wesentlicher Wahrheiten führen kann. Ihre Brauchbarkeit und ihr Wert hängen von dem Umfang und der Exaktheit der Erfahrung ab, auf welcher sie beruht.“

Lit.: Anonymus d'outre Tombe (hrsg. von M. Kriele und R. Spaemann), Die Großen Arcana des Tarot, Bd. I, Kap. 1. Basel–Freiburg 1983; J. Ruska, Tabula Smaragdina. Ein Beitrag zur Geschichte der hermetischen Literatur. Heidelberg 1926.

Tantra (sanskrit „Gewebe, Zusammenhang"), mehrdeutige Bezeichnung einerseits für Texte, andererseits für Vorstellungen und Praktiken, die im Buddhismus auf Erkenntnisgewinn, in hinduistischen Zusammenhängen auf Teilhabe an göttlicher Macht hinzielen. Von daher ergeben sich überaus kontroverse Anschauungen und Mißverständnisse. So kann die tantrische Esoterik geradezu als Musterbeispiel für die sensationelle Exoterisierung des ursprünglich Gemeinten angesehen werden. Dem leistet die betont sexuelle Metaphorik des T. Vorschub. – Aus buddhistischer Sicht bedeutet T. „das Verwobensein aller Dinge und Handlungen, die gegenseitige Abhängigkeit alles Bestehenden, die Kontinuität in der Wechselwirkung von Ursache und Folge, sowohl wie die Kontinuität in geistiger und traditioneller Entwicklung, die sich wie ein Faden durch das Gewebe geschichtlicher Ereignisse und individueller Leben zieht. T. steht daher auch für die Tradition, die geistige Nachfolge. Die Schriften, die im Buddhismus unter dem Namen von ‚Tantras' gehen, sind vorwiegend mystischer Natur, d. h., sie suchen den *inneren* Zusammenhang der Dinge aufzuweisen: den Parallelismus von Mikrokosmos und Makrokosmos, Geist und Natur, Ritual und Wirklichkeit, Stofflichem und Geistigem" (Anagarika Govinda). Von daher gesehen tritt Govinda der Verwechslung und Vermischung des buddhistischen T. mit dem erotisierenden Shaktismus der Hindu-Tantras entgegen. Freilich ist da wie dort das Ziel aller Bemühungen die heilstiftende → Erleuchtung, die ebenfalls da wie dort durch das universelle Symbol der Vereinigung Liebender ausgedrückt wird. Bemerkenswert ist ferner, daß das buddhistische T. die historische wie die ideelle Priorität gegenüber dem publikumswirksameren hinduistischen beanspruchen kann. Hier wird versucht, den ganzen Menschen zur „Vollkommenheit" zu erheben, nämlich durch Meditation und durch eine Folge streng geregelter Riten, die ihrerseits strikter Geheimhaltung (→ Arkandisziplin) unterliegen, um Unvorbereitete fern zu halten, auch um die damit verbundenen Gefahren zu vermeiden. In kultischer Handlung genießen die Anhänger gewisser tantrischer Sekten die sogenannten

„fünf M“: madya, Wein bzw. einen berauschenden Trank; mamsa, Fleisch; matsya, Fisch; mudra, geröstetes Korn und maithuna, die geschlechtliche Vereinigung. Angestrebt wird die Herstellung eines kosmischen Bewußtseins durch Entfesselung der spirituellen Kundalini-Shakti. In keinem Fall handelt es sich um eine vordergründige „östliche Sexualpraktik“, wie selbsternannte westliche „Tantriker“ glauben machen wollen. Richtungsweisend für die geistigen Grundlagen des Tantra sind insbesondere die tieflotenden Studien von A. Avalon (d.i. J. Woodroffe), A. Bharati und A. Govinda.

Lit.: A. Avalon, Shakti und Shakta. Lehre und Ritual der Tantras. Weilheim 1962; München 1987; A. Bharati, Die Tantra-Tradition. Freiburg 1977; A. Govinda, Grundlagen tibetischer Mystik. Zürich 1967; J. Hopkins (Hrsg.), Tantra in Tibet. Köln 1980; F. King, Tantra als Selbsterfahrung. München 1986; P. Rawson, Tantra. München 1974; H. Uhlig, Tantrische Kunst des Buddhismus. Berlin 1981.

Taoismus (chines. „tao“, Weg, Lehre), der im Westen übliche Sammelbegriff für die philosophischen und religiösen Anschauungen sowie Praktiken, die sich von dem Zusammenwirken von → Yin-Yang in Tao herleiten. Dabei ist Tao die Mutter allen Seins und Werdens; in Tao kehrt alles zurück. Zu den grundlegenden Schriften des T. gehören als älteste das → I Ging. Lao-tse, der zusammen mit Chuang-tse zu den berühmtesten Weisen des T. zählt, wird das „Buch vom Weg und seiner Kraft“ (Tao-te-ching) zugesprochen. Es ist das aus 81 kurzen Kapiteln bestehende, dem Umfang nach kleine Weisheitsbuch. Man vermutete einst seine Entstehung – mit Rücksicht auf den angeblichen Autor – im 6. vorchristlichen Jahrhundert. Das älteste vorhandene Exemplar wurde um 200 v. Chr. abgefaßt. Nach dem Tao-te-ching „wird das Tao als das umfassende letzte Prinzip, das vor Himmel und Erde existierte, interpretiert. Es ist unnennbar und unbeschreibbar; es ist die Mutter aller Dinge; es läßt alles entstehen und handelt doch nicht. Seine Kraft, das Te, ist das, was die Erscheinungen vom Tao erhalten und sie zu dem macht, was sie sind. Um die Einheit mit dem Tao, das Ziel der Anhänger des philosophischen T., zu verwirklichen, muß der ‚Heilige‘ das allen Wesen gemeinsame Gesetz der Rückkehr zum Ursprung (Fu) in sich realisieren. Dies kann er dadurch erreichen, daß er sich die Leerheit (Wu) und Einfachheit (P'u) des Tao zu eigen macht und im absichtslosen Handeln (Wu-wei) verweilt" (I. Fischer-Schreiber).

Lit.: J. C. Cooper, Der Weg des Tao. Bern–München 1977; A. Watts, Der Lauf des Wassers. Eine Einführung in den Taoismus. Bern–München 1976; ferner Lit. zu →Yin-Yang und →I Ging.

Tarot (ital. „Tarocchi"), gilt als das ursprünglichste traditionsreichste, zugleich als eines der geheimnisvollsten europäischen Kartenspiele. Ein T.-Deck besteht aus insgesamt 78 Karten, die 22 Großen Arkana (Geheimnisse) und die 56 Kleinen Arkana. Ähnlich dem altchinesischen →I Ging dient es zunächst zu divinatorischen Operationen, d.h. als Orakel bzw. zur Befragung über zukünftige Ereignisse. Die Großen Arkana mit ihren symbolträchtigen Bildern fordern zur →Meditation auf. Es geht darum, die Vieldeutigkeit der Bildkomposition aus der jeweils sich ergebenden Konstellation der einzelnen Karten aufzuschlüsseln. Dieser meditative Umgang dürfte dem T. angemessener sein als eine vordergründige, mit vielen Möglichkeiten der Selbsttäuschung behaftete Wahrsagerei. Es liegt im Wesen echter →Symbole, daß die T.-Karten seit alters große Faszination auf ihre Benutzer auszuüben vermögen. Die Ursprünge des T. meinte man bis in die Antike, namentlich in die spirituellen Zusammenhänge der →Hermetik Ägyptens zurückführen zu können. Dafür gibt es jedoch keinerlei historische Handhabe. Bekannt ist nur, daß die ältesten erhaltenen bzw. belegten Karten dieser Art in Europa bis ins ausgehende 14. Jahrhundert zurückreichen. Doch in esoterischen Zusammenhängen ist nicht das tatsächliche Alter eines Phänomens von Belang. Es ist vielmehr das Prototypische, Urbildliche (→Archetypen), das den einzelnen Bildern abzulesen ist (z.B. der „Magier" bzw. „Gaukler", die „Päpstin" bzw. „Hohepriesterin", die „Kaiserin", der „Kaiser", der „Papst", die „Verliebte" usw.). Zahlreiche T.-Schöpfungen liegen inzwischen vor, neben dem weitverbreiteten klassischen „Ancien T. de Marceille“ die Karten-Decks nach Entwürfen von E. A. Waite, A. Crowley, Frieda Harris und vielen anderen. Auf den archetypischen Charakter verweist die Tatsache, daß sich zwischen dem T. und anderen esoterischen Gebieten Bezüge sowie Entsprechungen feststellen lassen, so zwischen den 22 Karten der Großen Arkana und dem hebräischen →Alphabet, wodurch ein Weg in die →Kabbala gebahnt ist. Andere Bezüge ergeben sich zur Symbolik des →Tantra. Das gilt für die Karten, die „Kraft“, „Sterne“, „Entscheidung“ oder „Liebe“ genannt werden. Aber auch die anderen Karten verweisen auf esoterisch-hermetische Analogien. Aus dem archetypischen Ursprung des T. ergibt sich, daß mit seiner Hilfe – einschließlich entsprechender Symbolkenntnis! – Gesichtspunkte für den Verlauf der →Individuation (→Selbst-Werdung) sich gewinnen lassen, indem man es lernt, die einzelnen T.-Symbole als menschliche Grundsituationen bzw. als Wegmarken eines Erkenntnis- und Reifungswegs (→innerer Weg) zu lesen. Welche außerordentliche spirituelle Tiefe und Universalität des Geistes aus den Großen Arkana des T. zu schöpfen ist, ergibt sich aus den gleichnamigen Meditationen, die Valentin Tomberg (1900–1973) anonym erscheinen ließ. Hier ist westliche und östliche, vor- bzw. außerchristliche und christliche Spiritualität, anthroposophische Schau und persönliche religiöse Erfahrung zur Schmelze gelangt: „Ein christlicher Denker und Beter von bezwingender Lauterkeit breitet Symbole der christlichen Hermetik in ihren Stufen →Mystik, →Gnosis und →Magie, unter Heranziehung des Kabbalismus und gewisser Elemente der →Alchemie und →Astrologie vor uns aus, Symbole, die in den zweiundzwanzig sogenannten Großen Arcana des T.-Kartenspiels zusammengefaßt sind und die er meditierend in die tiefere, weil allumgreifende Weisheit des katholischen (d. h. christlich-universalen) →Mysteriums heimzuführen sucht“ (H. U. von Balthasar).

Lit.: A. Douglas, Ursprung und Praxis des Tarot. Köln 1986; S. Golowin, Die Welt des Tarot. Basel 1975; H. D. Leuenberger, Schule des Tarot I/III. Freiburg 1981 ff.; S. Nichols, Die Psychologie des Tarot. Tarot als Weg zur Selbsterkenntnis nach C. G. Jung. Interlaken 1984; M. Steiner-Geringer, Tarot als Selbsterfahrung. Köln 1985; Anonymus d'outre Tombe (V. Tomberg), Die Großen Arcana des Tarot I/IV. Basel–Freiburg 1983.

Templer („Pauperes comilitones Christi templique Salomonis", Arme Gefährten Christi vom Tempel Salomons), geistlicher Ritterorden, im Jahre 1118 von Hugo von Payen (Hugo de Paganis) und Gottfried von Saint-Omer zusammen mit sieben Kreuzfahrern (Rittern) in Jerusalem gegründet. Ähnlich wie die 1100 ins Leben gerufene Ordensgemeinschaft der Hospitaliter bzw. Johanniter oblag auch den T., ins Heilige Land ziehende Pilger gegen Überfälle aller Art zu schützen. In dieser Funktion erlangten die in apostolischer Armut lebenden ersten T. allgemein ein hohes Ansehen. Kein geringerer als der Mystiker Bernhard von Clairvaux lobte die Strenge und Konsequenz, mit der sie ihre Ordensregel erfüllten. Die Gemeinschaft setzte sich zusammen aus Rittern (fratres milites), Kaplänen (fratres capellani), dienenden Brüdern oder Knappen (fratres servientes armigeri) sowie Handwerkern und Knechten aller Art. Sie unterstanden dem Papst unmittelbar und unter Führung ihres Großmeisters, der sich „Meister vom Tempel" nannte. Ihre Devise lautete: „Non nobis, Domine, non nobis, sed nomine tuo da gloriam!" (Nicht uns, o Herr, nicht uns, sondern allein deinem Namen gib die Ehre!). Ein eigener, von jeder fremden bischöflichen Jurisdiktion und Bevormundung freier Klerus betonte die geistig-geistliche Eigenständigkeit der Ordensritter. Das rasche Wachstum und die damit verbundene Anhäufung großer wirtschaftlicher Macht ließ die T. zu einem Wirtschaftsimperium eigener Prägung werden. Intrigen, Verleumdungen und schwere Beschuldigungen angeblicher Ketzerei bzw. der Immoralität führten zur Auflösung des Ordens, zur Folterung und Tötung zahlreicher Mitglieder. Ihr letzter Großmeister Jakob von Molay wurde 1314 auf einer Seine-Insel in Paris verbrannt. Was den T. – abgesehen vom Reichtum des Ordens – zum Verhängnis werden sollte, das war ihre streng gehütete, daher mißverstandene Esoterik. Wenngleich der Hauptritus der T.-Einweihung strenger →Arkandisziplin unterlag, so ist der initiatische Charakter

(→ Initiation), der den Ritterorden über vergleichbare Gemeinschaften hinaushob, kaum zu bezweifeln. Zu verweisen ist ferner auf das mehrfach bezeugte, jedoch unterschiedlich geschilderte T.-Idol namens „Baphomet“, dem eine androgyne Gestalt (→ Androgyn) zugeschrieben wird. Es ist mehrfachen Deutungen zugänglich; bald als „Taufe der Weisheit“, bald als Bezeichnung für Mohammed verstanden und mit Bemühungen um einen westlich-östlichen Brückenschlag in Zusammenhang gebracht. Denkmäler und Grabsteine der T. enthalten hermetische, astrologisch-alchymistische Sinnzeichen. Weitere geistige Verbindungslinien führen zur Tradition des → Grals. Sie erinnern an Dantes hohe Einschätzung der T.-Esoterik. Zahlreiche Versuche wurden im Laufe der Geschichte unternommen, um das Geheimnis des erloschenen Ordens in diversen Geheimgesellschaften, okkultistischen Vereinigungen und in der → Freimaurerei aufleben zu lassen bzw. an die Tradition der T. anzuknüpfen. Zu unterscheiden ist wohl die historische Unableitbarkeit späterer Gründungen vom ursprünglichen T.-Orden und der Versuch, einen inneren Anschluß an dessen Ideale und Zielsetzungen zu finden.

Lit.: J. Charpentier, Die Templer. Stuttgart 1965; L. Charpentier, Macht und Geheimnis der Templer. Herrsching 1986; J. Evola, Das Mysterium des Grals. München 1954; J. M. Krück von Poturzyn, Der Prozeß gegen die Templer. Stuttgart 1965; R. Maikowski, Auf der Suche nach dem lebendigen Geist. Freiburg 1971; A. Schult, Dantes Divina Commedia als Zeugnis der Tempelritter–Esoterik. Bietigheim 1979; G. de Sède, Die Templer sind unter uns oder das Rätsel von Gisors. Frankfurt–Berlin 1963.

Theosophie (griech. „theosophia“, Gottesweisheit) ist nach christlichem Verständnis die Weisheit, die Gott schenkt, die durch Christus repräsentiert wird, im übrigen aber als das „ausgesprochene Wort“ (Jakob Böhme) auf alle Kreaturen ausgebreitet ist. Die Schöpfung kann demnach als Widerspiegelung und Abbild der Weisheit Gottes, eben als leibhaft gewordene T. empfunden werden. Zum anderen sind Theosophen „von dem Verlangen erfüllt, die religiöse bzw. christliche Überzeugung nicht nur lebensmäßig zum Ausdruck zu bringen, sondern auch nach der Seite der Erkenntnis hin so weit wie möglich auszubauen. Die T. begnügt sich nicht mit dem, was Philosophie, Metaphysik und Theologie über Gott, Welt und Mensch auszusagen wagen, man will vom Glauben aus zu höheren Formen der Wahrheitsschau aufsteigen" (A. Köberle). Stärker als die auf die → Bibel und auf die kirchliche Tradition gestützte Theologie ist T. durch → Erfahrung bestimmt. Enge Wechselbezüge bestehen zu → Gnosis und → Mystik, sodann zu den Bereichen der → Esoterik im allgemeinen. Es handelt sich um Ideen- und Formenkreise, die einander großenteils überdecken, sich allenfalls berühren. Immer geht es darum, Weltall, Erde und Mensch aus einer theosophischen Schau heraus zu deuten, sodann gestaltend und umgestaltend zu erfassen. Wie Gnosis und Mystik, so ist auch T. nicht an eine bestimmte Geschichtsepoche gebunden. Es läßt sich vielmehr eine Traditionslinie aufzeichnen, die im Christentum von den Evangelien, von Paulus und Johannes über gewisse Repräsentanten der christlichen Gnosis bis in die Gegenwart zu verfolgen sind. Neben dem römischen Katholizismus mit seinen theosophisch zu nennenden Einschüben sind die christlichen Sophiologen (→ Sophia) der Ostkirche sowie die Vertreter einer nachreformatorischen T. eigens zu nennen. Es sind nicht zuletzt die Repräsentanten dieser so bezeichneten Frömmigkeits- und Erkenntnisrichtung selbst, die dieser Bezeichnung Inhalt und Kontur verliehen haben: im Protestantismus etwa Jakob Böhme, Friedrich Christoph Oetinger, Michael Hahn; im Katholizismus u. a. Karl von Eckhartshausen oder Franz von Baader. Bis in die Goethe-Zeit hinein gehörten theosophische Spekulationen zu den festen Bestandteilen des allgemeinen Bewußtseins im Bildungsbürgertum wie in der Natur- und Geistesforschung. Erst die betont materialistisch-positivistisch ausgerichtete Wissenschaftsgesinnung schied die Elemente der T. radikal aus und beschränkte sich auf das Meßbare und Manipulierbare. Eine besondere Aus- und vor allem Umformung erfuhr die christliche T. in der sogenannten → anglo-indischen Theosophie im letzten Viertel des 19. Jahrhunderts, nämlich durch Nivellierung des Christlichen.

Lit.: A. Faivre / R. C. Zimmermann (Hrsg.), Epochen der Naturmystik. Hermetische Tradition im wissenschaftlichen Fortschritt. Berlin 1979; A. Köberle, Theosophie, in: Religion in Geschichte und Gegenwart, 3. Aufl. Bd. VI; G. Wehr, Die deutsche Mystik. Mystische Erfahrung und theosophische Weltsicht. München 1988; R. Chr. Zimmermann, Das Weltbild des jungen Goethe I/II. München 1969 f.

Theosophische Gesellschaft → Anglo-indische Theosophie.

Transformation, ein Zielbegriff u.a. der → New Age-Bewegung. Danach entspricht T. einer „Wandlung von Tiefenstrukturen" (K. Wilber) als praktische Konsequenz, die sich aus einer qualitativen Erweiterung des → Bewußtseins ergibt. T. ist demnach nicht eine im Vordergründigen, Oberflächlichen bleibenden „Veränderung", sondern Umschwung von innen her. Sie muß den Einzelnen ergreifen, sodann die zwischenmenschlich-gesellschaftlichen Beziehungen erneuern und schließlich bzw. zugleich einen neuen Umgang mit der Weltwirklichkeit zur Folge haben. Gemeint ist somit eine „innere T., die sich in jedem Menschen wie auch im Rahmen der Gesamtgesellschaft vollzieht" (Capra).

Lit.: M. Ferguson, Die sanfte Verschwörung. Basel 1982; F. Capra, Wendezeit. Bern 1983; ders., Das Tao der Physik. Bern 1984; K. Wilber, Halbzeit der Evolution. Bern 1984.

Transpersonale Psychologie (wörtlich: „die Person überschreitend"), ist die auf spirituell-esoterischen Erfahrungen und Theorien fußende Richtung der modernen Seelenforschung. Sie vereinigt Methoden und Resultate der zeitgenössischen Tiefenpsychologie mit solchen der westlichen und östlichen → Esoterik aus Geschichte und Gegenwart. Insbesondere wendet sie sich jenen Zuständen des → Bewußtseins zu, die oberhalb des gewöhnlichen Wachbewußtseins liegen. Es handelt sich z.B. um → Erfahrungen der Kreativität, um solche der → Mystik, außersinnliche Wahrnehmungen, die gemeinhin dem Bereich des → Okkultismus bzw. der → Parapsychologie zugeordnet werden und für die Grenzerfahrungen, sogenannte „Gipfelerlebnisse" (H. A. Maslow: peak experiences) bedeutsam sind, sei es, daß sie sich ohne besondere Vorbereitung spontan einstellen, sei es, daß sie auf einem →inneren Weg geistig-seelischer Übung (→Meditation) gesucht werden. Sieht man einmal von den positivistisch eingestellten, physiologische Reaktionsdaten (Herzschlag, Pulsfrequenz, Hautwiderstand) messenden Schulrichtungen, etwa des Behaviorismus ab, dann läßt sich die T.P. historisch so einordnen: Die *Psychoanalyse* S. Freuds erweiterte die moderne Seelenforschung dadurch, daß sie einen wissenschaftlichen Zugang zum →Unbewußten erschließen half. Aus ihr heraus entwickelten sich immer neue Schulrichtungen, die je nach dem speziellen Erfahrungshintergrund ihrer Initiatoren neben der therapeutischen Zielsetzung die Entfaltung und Reifung der Persönlichkeit als ihre Aufgabe erkannten. Dazu gehören die Gestalt- und Ganzheitstherapie, daseinsanalytische Entwürfe, die auf Sinnfindung hin ausgerichtete Logotherapie V. Frankls, die Psychosynthese R. Assagiolis, die →Analytische Psychologie C. G. Jungs und jene Richtungen, die u. a. durch die Namen C. R. Rogers, W. Reich, K. Horney, E. Fromm, O. Rank, A. Maslow usw. bestimmt sind. Eine Fülle von psychotherapeutischen Techniken wurden in diesen Zusammenhängen entwickelt. Als Sammelbezeichnung für diese zweite große tiefenpsychologisch-psychotherapeutische Strömung hat sich der Name *Humanistische Psychologie* eingebürgert. Es waren z. T. dieselben Forscher, die in Weiterentwicklung ihrer eigenen Methoden zur T. P. geführt wurden. Als Zeitraum (nicht Zeitpunkt) der Entstehung können hier die sechziger Jahre genannt werden. An der Ausbildung dieser Forschungsrichtung waren u. a. die in den USA wirkenden A. J. Sutich, A. H. Maslow, V. Frankl, St. Grof, J. Fadiman maßgeblich beteiligt, wenngleich Voraussetzungen und Grundelemente für die neue Sichtweise längst bekannt waren. So definierte R. M. Bucke (um 1900) die in seinem Buch geschilderten „Erfahrungen des kosmischen Bewußtseins“: „Das kosmische Bewußtsein ist das Ergebnis einer Erfahrung, die man als das plötzliche Erwachen eines neuen, nämlich des kosmischen Sinnes bezeichnen kann. In diesem Erwachen erfährt der Mensch eine geistige Erleuchtung, die an sich schon genügt, ihn auf eine neue Daseinsebene zu heben, fast als würde er einer neuen Spezies angehören ..." Und S. James beschrieb etwa gleichzeitig in seinem epochemachenden Werk „Die religiöse Erfahrung in ihrer Mannigfaltigkeit". Mit der Erforschung der →Archetypen stellte C. G. Jung die klassische Psychoanalyse vor jenen Horizont, vor dem die T. P. weiterarbeitet. In diesem Kontext sind sodann die diversen Geisteslehren und Schulungswege zu sehen, teils westlich, teils östlich ausgerichtet, teils nach einem geistigen Brückenschlag (→Ökumene des Geistes) suchend, um der Zeitforderung zu entsprechen: zeitlich zuerst die →anglo-indische Theosophie, die →Anthroposophie R. Steiners, unter einem anderen, z. B. →Zen einbeziehenden Aspekt die →Initiatische Therapie von K. Graf Dürckheim. Im Zeichen der T. P. arbeiten Angehörige verschiedener Disziplinen zusammen. Die geistige Fundierung und Orientierung der einzelnen Forscher ist naturgemäß sehr unterschiedlich. Und doch gibt es eine Gemeinsamkeit. Sie besteht darin, die andere, die lange ausgesparte transzendente bzw. spirituelle Dimension mit gleicher Selbstverständlichkeit einzubeziehen, mit der einst S. Freud die Sexualität ernst nahm.

Lit.: R. Assagioli, Handbuch der Psychosynthesis. Angewandte Transpersonale Psychologie. Freiburg 1978; St. Grof, Geburt, Tod und Transzendenz. München 1985; B. Lievegoed, Der Mensch an der Schwelle. Stuttgart 1985; Walsh/Vaughan (Hrsg.), Psychologie in der Wende. Grundlagen, Methoden und Ziele der Transpersonalen Psychologie. Bern–München 1985; K. Wilber, Wege zum Selbst. Östliche und westliche Ansätze zum persönlichen Wachstum. München 1984; ders., Die drei Augen der Erkenntnis. München 1988; Wilber/Engler/Brown (Hrsg.), Psychologie der Befreiung. Die östliche und westliche Sicht des menschlichen Reifungsprozesses. Bern-München 1988; C. Tart (Hrsg.), Transpersonale Psychologie. Olten–Freiburg 1978.

U

Unbewußtes, jener Bereich der Forschung und der Therapie, dem sich die Tiefenpsychologie zuwendet, sei es aus der Sicht der Psychoanalyse S. Freuds, der →Analytischen Psychologie C.G. Jungs, der →Transpersonalen Psychologie oder verwandter Schulrichtungen. Es handelt sich um Dimensionen der menschlichen →Seele, die das als normal angesehene →Bewußtsein übersteigen. Es ist jene „Nachtseite der Seele", von der wir seit Heraklit wissen. Ihre Hervorbringungen in Gestalt von Träumen, Phantasien, Visionen, Spontaneinfällen und -ereignissen (synchronistische Phänomene = Zufälle), wurden u.a. in der Zeit der Romantik stark beachtet. Die ursprüngliche Psychoanalyse nahm die wissenschaftliche Erforschung in Angriff, beschränkte sich aber im wesentlichen auf das persönliche U., d.h. auf selbstgemachte Erfahrungen, die vergessen oder ihres unangenehmen Charakters wegen verdrängt wurden. Die für die Esoterik bedeutsamen Aspekte ergeben sich aus der Erforschung des kollektiven bzw. überpersönlichen U., für die die Jung-Schule beispielhaft ist. Dabei ist es nach Jung nicht abzuschätzen, wie groß und wie umfassend die Reichweite dieses U. ist, deren konstituierende Faktoren die →Archetypen darstellen, durch die wiederum Religion, →Mythos und →Symbol Inhalt und Bedeutung bekommen. Für Jung ist daher das kollektive U. eine „gewaltige geistige Erbmasse der Menschheitsentwicklung, wiedergeboren in jeder individuellen Struktur." Nach seinen Erfahrungen, die sowohl von gesunden wie von psychisch gestörten Klienten, aus Eigenbeobachtung und aufgrund eines nahezu unerschöpflichen Traditionsgutes gewonnen sind, könne das Bewußtsein im Kontext des U. „nur eine relative Mittellage beanspruchen". Angesichts dieser Mittellage innerhalb der seelischen Totalität sei es gleichsam auf allen Seiten von der unbewußten

Psyche überragt und umgeben. Das Bewußtsein „ist durch unbewußte Inhalte rückwärts verbunden mit physiologischen Bedingungen einerseits und archetypischen Voraussetzungen andererseits. Es ist aber auch nach vorwärts antizipiert durch →Intuitionen" (Psychologie und Alchemie, S. 193f.). Dieser prospektive, finale und somit auf ein Ziel gerichtete Aspekt macht geistig-seelische Reifung verständlich und eröffnet die →Selbst-Werdung, und zwar in Analogie zu Prozessen der →Initiation, wie sie seit alters u.a. in den →Mysterien vollzogen worden sind. Weil das so ist, empfiehlt es sich, das U. nicht etwa mit dem älteren, bisweilen noch da und dort gebräuchlichen Begriff des „Unterbewußten" gleichzusetzen. Dieser suggeriert die Vorstellung einer Dämpfung des Bewußtseins unterhalb des Niveaus der Tageswachheit. In esoterischen Zusammenhängen sehr viel wichtiger ist der Aspekt eines „Überbewußtseins", das durch die verschiedenen Methoden der →Meditation und des →inneren Wegs angestrebt wird.

Lit.: Arnold/Eysenck/Meili, Lexikon der Psychologie, Bd. 3 (1972). Freiburg 1987; C. G. Jung, Über die Psychologie des Unbewußten (1943/1966) und: Die Struktur des Unbewußten(1916), in: Ges. Werke VII; ders., Die Dynamik des Unbewußten (1967) = Ges. Werke VIII; C. A. Meier, Die Empirie des Unbewußten (= Lehrbuch der Komplexen Psychologie C. G. Jungs, Bd. 1). Zürich 1968; D. Wyss, Die tiefenpsychologischen Schulen von den Anfängen bis zur Gegenwart. Göttingen [5]1977.

Unio mystica (lat. „mystische Vereinigung), entspricht dem letzten und höchsten Ziel aller →Mystik. Das Verlangen geht dahin, die Hindernisse des Irdischen zu überwinden, die Fesseln des Vorläufigen aufzusprengen und mit dem Unbedingten, Absoluten, letztlich mit der Gottheit vereinigt zu werden. Es umschließt zugleich ein großes →Mysterium. Weil auf dem Weg zur U.m. der Bereich des Irdischen bewußtseinsmäßig zu verlassen ist, entzieht sich das damit Gemeinte – wie alle Mystik – jeglicher Beschreibung. Zum einen ist dieses Überschreiten als ein Versuch des Menschen anzusehen, der einen →inneren Weg beschreitet und die mystischen Stufen der Reinigung und der Erleuchtung erreicht, bevor die Aussicht auf die U.m. frei wird. Daß dieses Hochziel vom Menschen her je doch gar nicht zu erreichen ist, bestätigen alle Erfahrenen, so sehr sie sich bemüht haben, auf ihrem „Weg" voranzukommen. Zum anderen gibt es die mystische Erfahrung des spontanen Durchbruchs. Mit diesem Erlebnis verbindet sich die Vorstellung, nicht durch eigenes Bemühen, sondern „von oben her" beschenkt worden zu sein, religiös gesprochen: „allein aus Gnaden". Unter den →Symbolen, die die Erfahrungsberichte wie die großen religiösen Dichtungen und Liturgien der Menschheit enthalten, kommt der →Heiligen (bzw. mystischen) Hochzeit besondere Bedeutung zu. Dieses als Mysterium der Gegensatz-Vereinigung (mysterium coniunctionis) zu verstehendes Geschehen bringt auch zum Ausdruck, daß es sich bei diesem mystischen Höhenerlebnis der U.m. nicht im strengen Sinn des Wortes um eine „unio" (Verschmelzung und Aufhebung der eigenen Ichheit), sondern um eine „communio" handelt. D.h. die personale Identität bleibt gewahrt, die Fülle und Tiefe der Ich-Du-Beziehung rückt erst jetzt in den Horizont der menschlichen Erfahrung. Vor allem wird der Illusion der Aufhebung des →Selbst gewehrt.

Lit.: G. Wehr, Die deutsche Mystik. Mystische Erfahrung und theosophische Weltsicht. München 1988; ders., Heilige Hochzeit. München 1986.

V

Viktoriner, Sammelbezeichnung für die Angehörigen der Augustiner-Chorherrn-Abtei St. Viktor in Paris, zugleich wichtige Vertreter der mittelalterlichen → Mystik, etwa neben Bernhard von Clairvaux. Der Bretone Adam von St. Viktor (gest. 1185) gilt als einer der bedeutendsten geistlichen Sänger des Mittelalters; Hugo von St. Viktor (gest. 1142), ein Sachse, begründete als mystischer Schriftsteller und Theologe den Ruhm der Abtei, neben ihm der Schotte Richard von St. Viktor. Hugo und Richard sind als scholastisch durchgebildete Philosophen insbesondere Lehrer der → Meditation und der → Kontemplation. Nach ihnen beginnt der → innere Weg beim Denken (cogitatio); er geht weiter über die Betrachtung (meditatio) zur inneren Anschauung (contemplatio). Das Denken kommt von der Vorstellung (imaginatio) her; die Betrachtung stammt aus der erleuchteten Vernunft (ratio), das Schauen, das die → Unio mystica zum Ziel hat, erlangt man durch eine Einsicht (intelligentia), die das allgemeine Menschenmaß zur göttlich-geistigen Welt hin überschreitet. Das eigentliche Ziel aber ist die von Mystikern immer wieder gerühmte, in den Bildern eines geistlichen → Eros geschilderte Liebe. Sie allein vermag die dunkle → Wolke des Nichtwissens zu durchdringen: „Beachte auch dies, daß von der Größe göttlicher Liebe das Maß göttlicher Enthüllung abhängt: ‚Esset, ihr Freunde, und trinket, berauscht euch, Ihr Lieben!' (Hoheslied 5). Siehe, die Freunde und Lieben essen, die aber Geliebteste sind, trinken, ja sie werden nicht nur getränkt, sondern berauschen sich ... Wenn wir darum begehren, überzuströmen von dieser Trunkenheit um diese schauende Entrückung des Geistes häufig zu erfahren, so ringen wir darum, unseren Gott auf das innigste und höchste zu lieben und zu jeder Stunde der Freude göttlichen Schauens in höchstem Verlangen entgegenzuharren ..." (Richard v. St. Viktor, Benjamin Major IV, 16). – „Hier gib acht, welch große Vorsicht beim guten Werke zu üben ist. Zu Beginn aller deiner Werke sieh zu, daß du das Licht in dir habest, auf daß alle deine Werke dem Lichte und nicht der Finsternis angehören. Darauf sollst du sorgfältig zusehen, ob dein Licht rein sei und nicht geschwärzt. Und wenn du gefunden hast, daß es gut ist, dann erst recht scheide es von der Finsternis, und nenne das Licht Tag und die Finsternis Nacht ..." (Hugo v. St. Viktor, Summe über die Mysterien).

Lit.: Die Viktoriner. Mystische Schriften, hrsg. v. P. Wolff. Wien 1936.

W

Wassermann-Zeitalter (lat. ‚aquarius'). Nach der Lehre der esoterischen → Astrologie ist das elfte der zwölf Lebensfelder im Horoskopschema dem Wassermann zugeordnet. Dieser beherrscht analogerweise das elfte der aus zwölf Weltmonaten bestehende große oder platonische Weltjahr, das einen Zeitraum von 25200 Sonnenjahren umfaßt. Somit verbleiben 2100 Sonnenjahre für je einen Weltmonat. Dies ergibt sich aus der Tatsache, daß sich – astrologisch gesehen – der Frühlingspunkt als Schnittpunkt von Äquator und Ekliptik (Sonnenbahn) während dieser Zeit um 30 Grad verschiebt (Präzession), d. h. in ein neues Feld des Tierkreises eintritt. Dem Weltenmonat, der im Zeichen der Fische (pisces) steht, folgt somit der des W.Z. „Weil Kosmos, Erde und Mensch in Entsprechung zueinander stehen, wirkt sich das Weltjahr, das große wie das kleine, in den Geschichtsperioden der Erde und des Menschen aus. Die Mentalität und Gestaltkraft der einzelnen Perioden entsprechen dem jeweiligen Stand des Frühlingspunktes im Tierkreis, der Symbolik und Prägekraft der jeweiligen Tierkreiszeiten. Dies ist der Grund, warum die Lehre von der Abfolge der Weltalter sich nicht mit zahlenmäßigen Angaben und Abgrenzungen begnügen muß, sondern es vermag, über die dem Präzessionsrhythmus entsprechenden Geschichtsepochen wesenhafte und charakteristische Aussagen zu vermitteln" (A. Rosenberg). Der Eintritt ins W.Z. bedeutet eine Wende, eben die Heraufkunft eines neuen Zeitalters (→ New Age), in dem das menschliche Bewußtsein sich zum Spirituellen hin verändert. Doch damit ist nur *ein* Aspekt genannt. C. G. Jung hat insbesondere auf den Krisen- und problemreichen Wandlungscharakter aufmerksam gemacht, der auch das im Zeichen der Fische angetretene Christentum vor einen neuen geistigen Horizont stellt. Vergleicht man die verschiedenen spirituellen Zeitalter-Lehren, so stellt man nicht nur Konvergenzen fest. Es differieren vor allem die als Annäherungswerte gedachten Zeitangaben. Während A. Rosenberg als Beginn des W.Z. das Jahr 1950 angibt, liegen die Zeitangaben anderer, z.B. C. G. Jungs, später, etwa zwischen den Jahren 2000 und 2200. Von Bedeutung dürften letztlich die Geschichtsereignisse und Zeitphänomene selbst sein, die als Indizien eines Bewußtseinswandels angesehen werden können, sei es in Gestalt eines Paradigmenwechsels im naturwissenschaftlichen Denken, sei es im seelisch-geistigen Bereich ungezählter Zeitgenossen, die nicht länger mit dem schmerzlich empfundenen spirituellen Defizit der Vergangenheit leben wollen und nach einer qualitativen Erweiterung ihres → Bewußtseins verlangen.

Lit.: C. G. Jung, Aion. Untersuchungen zur Symbolgeschichte. Zürich 1951, jetzt in Ges. Werke 9/II; A. Rosenberg, Durchbruch zur Zukunft. Der Mensch im Wassermannzeitalter. München 1958; ders., Zeichen am Himmel (1949). München 1984; H. J. Ruppert, New Age. Wiesbaden 1985; G. Trevelyan, Eine Vision des Wassermannzeitalters. München 1980.

Wiedergeburt, als Geburt des „neuen bzw. des inneren Menschen, des „zweiten Adam“ u. ä. ist mit W. im Sinne von → Reinkarnation nicht zu verwechseln. Die → Esoterik der verschiedenen Religionen und Wege der → Einweihung kennen W. als die besondere Chance, zu einer spirituellen Erneuerung zu kommen, sei es im Rahmen der antiken → Mysterien, durch das „Bad der W.“, d.h. der Taufe im Christentum, sodann in der Tiefenpsychologie C.G. Jungs (→ Individuation). Wenn sich der Tiefenpsychologe hierbei auch auf die Handhabung seiner spezifischen Betrachtungsweise beschränkt, so fällt doch auch ein Licht auf den besonderen esoterischen Aspekt, denn Jung zählt W. zu den „Uraussagen der Menschheit überhaupt ... Alle das Übersinnliche betreffende Aussagen sind im tiefsten Grund stets vom → Archetypus bestimmt, so daß es kein Wunder ist, wenn übereinstimmende Aussagen über die W. bei den verschiedensten Völkern angetroffen werden. Diesen Aussagen muß ein psychisches Geschehen zugrunde liegen“ (C. G. Jung), das die hohe Bedeutsamkeit für die Wandlungs- und Erneuerungsfähigkeit des Menschen vom Transzendenten her unterstreicht. Der „Sieg des Christentums" setzte den Mysterien der Alten und den Initiationslehren nur scheinbar ein Ende, insofern die verschiedenen Sakramente, oft in einer exoterisch-veräußerlichten Form deren Stelle einnahmen. Doch traten immer wieder Erneuerungsbewegungen auf den Plan, die wie der →Pietismus, die →Rosenkreuzer u.ä. in protestantischen Kirchen das Bedürfnis nach W. artikulierten und bis zu einem gewissen Grade befriedigten. Zugrunde liegt offenbar das Streben, Prüfungen der Initiation zu durchlaufen, in den mystischen Tod hineinzugehen und in der W. zu einem neuen Leben herausgerufen zu werden.

Lit.: C. G. Jung, Über Wiedergeburt, in: Gestaltungen des Unbewußten. Zürich 1950; M. Eliade, Das Mysterium der Wiedergeburt. Zürich 1961.

Wolke des Nichtwissens (engl. „The cloud of unknowing"), anonyme Schrift christlicher →Mystik und Seelenführung (→geistliche Führung) in englischer Sprache aus der zweiten Hälfte des 14. Jahrhunderts. Die seit ihrer Wiederauffindung (im 17. Jahrhundert) hochgeschätzte Schrift gehört hinein in die Tradition, die sich von der frühchristlichen Mystik des (Pseudo-)Dionysius Areopagita über die →Viktoriner zu den großen Repräsentanten mystischer Erfahrung in England (Richard Rolle, Walter Hilton, Juliane von Norwich) erstreckt. Sie ist eine praxisbezogene Anleitung für das kontemplative Beten (→Kontemplation), ausdrücklich Menschen gewidmet, die hierzu eine deutliche Berufung verspüren. Die Metapher der Wolke, die bereits in der Gotteserfahrung Israels eine Rolle spielt (Gottesbegegnung des Mose in der Wolke auf dem Berg), drückt das Element des Verbergenden aus, das zwischen Gott und dem kontemplierenden Menschen steht, denn dem menschlichen Erkenntnisstreben, so sublim und so intensiv es sich gebärden mag, bleibt die volle Gottesbegegnung versagt. Sie ist aber der innigen und totalen Gottesliebe zugänglich. Wie ein Speer durchdringt sie die W.d.N. In dieser Grundhaltung kann der Mensch nur dann verharren, wenn er auf alles spekulative Denken verzichtet und selbst auf den Willen verzichtet, Gott „haben“ oder genießen zu wollen. Gleichzeitig dringt der unbekannte Autor auf die Wichtigkeit der Erfahrung, auch wenn das Erfahrbare unbeschreiblich bleibt. Mit Recht wird die W.d.N. den großen Zeugnissen der christlichen Mystik an die Seite gestellt. Vergleiche legen sich u.a. mit Johannes vom Kreuz nahe. Sodann gehört das Buch zu jener Literatur, die für den geistigen Brückenschlag zwischen West und Ost Hilfen bietet. So bemerkenswert die Vergleichspunkte etwa zu →Zen sein mögen: Die Offenheit für die →Ökumene des Geistes kann die Verankerung der W.d.N. im christlichen Gottesglauben nicht außer acht lassen.

Lit.: Die Wolke des Nichtwissens, hrsg. v. W. Riehle. Einsiedeln 1980; D. Knowles, Englische Mystik. Düsseldorf 1967; W. Riehle in: Ruhbach/Sudbrack (Hrsg.), Große Mystiker. München 1984. W. Jäger (Hrg.), Gebet des Schweigens. Eine Schule des Schweigens nach der „Wolke des Nichtwissens“. Salzburg 1984; W. Johnston / W. Massa (Hrg.), Der Weg des Schweigens – Christliches Zen. Kevelaer 1974.

Y

Yin-Yang symbolisiert die beiden einander polar gegenüberstehenden, mit einander schöpferisch zusammenwirkenden, aber auch einander abwechselnden Kräfte im Kosmos. Im Zusammenwirken bringen sie Tao, die Grundwirklichkeit des →Taoismus, zur Darstellung. Ursprünglich bezeichnete Yin die beschattete, Yang die besonnte Seite eines Berges. Demnach steht Yin für das Dunkle, Weibliche, Empfangende, Weiche, das Mondhafte und das Schwarze, das Wasser. Yang vertritt das Aktive, Männliche, Schöpferische, Helle, Harte, sodann das Sonnenhafte, das Feuer, das Rote. Hinzu kommen noch eine Reihe anderer Entsprechungen. Im Buch der Wandlungen (→I Ging) wird das Zusammenspiel von Yin-Yang sowie die Wandlungsmöglichkeit innerhalb der Befragungsoperationen offenkundig.

Lit.: Lexikon der östlichen Weisheitslehren. Bern–München 1986; Vgl. →I Ging.

Yoga (sanskr. „Joch", im Sinne von „Anjochung", Vereinigung mit Gott), allgemeine Bezeichnung für einen Weg, der zur Gotteserkenntnis führt. Auf dieser Basis sind zahlreiche nähere Bestimmungen bzw. Differenzierungen üblich, in Disziplin und Technik. Sie reichen von bestimmten Körperhaltungen und Atemübungen im Hatha-Y. bis hin zum Raja-Y. mit seinen spirituellen Zielsetzungen, vom Karma-Y., der dem Tätigsein große Aufmerksamkeit schenkt, bis hin zum Bhakti-Y., einem Weg liebender Hingabe an die Gottheit, die jedoch nicht mit christlicher Gottes- und Nächstenliebe gleichzusetzen ist. Im Laya-Y., dem „Y. der Auflösung", gehen die Anschauungen und Praktiken in den Tantrismus (→Tantra) über. Hier, wie schon im Kundalini-Y., kommt es darauf an, die spirituelle Kraft (Kundalini; Prana) im untersten der menschlichen Energiezentren (→Chakra) zu erwecken und den Zustand der →Erleuchtung (Samadhi) vorzubereiten, wenn nicht herbeizuführen. Die Philosophie des klassischen Y. faßte Patanjali (ca. 2. Jh. v. Chr., oder später) in ein theoretisch-praktisches System der Kontrolle und Beherrschung körperlich-geistiger Fähigkeiten. Sie lassen sich in acht Stufen entfalten, angefangen beim Prinzip der Selbstbeherrschung (Yama). Es folgen Prinzipien der inneren wie äußeren Reinigung (Niyama), geregelte Körperhaltung (Asana), Atemkontrolle (Pranayama), Abwendung von äußeren Sinneseindrücken (Pratyahara), Konzentration (Dharana), →Meditation (Dhyana); schließlich bildet Samadhi den Höhepunkt des meditativen Prozesses, auf der Stufe der →Kontemplation, ja selbst in der totalen Preisgabe des Objekt- bzw. des Ich-Bewußtseins. Es handelt sich um einen überbewußten Zustand.

Die Tatsache, daß Y. – genauer: was man so nennt – seit langem in der westlichen Welt weite Verbreitung gefunden hat, kann nicht darüber hinwegtäuschen, daß es sich hierbei um einen betont östlichen Weg rigoroser Selbstdisziplinierung handelt. „Alle yogistischen Techniken fordern zu ein und demselben auf, nämlich genau das Gegenteil von dem zu tun, wozu die menschliche Natur uns zwingt" (M. Eliade). Die wenigsten „westlichen Yogis" werden daher bereit und in der Lage sein, diesen Weg der Isolierung und Entsagung mit letzter Konsequenz zu gehen. Warum nennt man dann Y., was sachgemäßer auch Hausfrauengymnastik heißen könnte?

Lit.: M. Eliade, Yoga. Zürich 1960; J. W. Hauer, Der Yoga. Stuttgart 1958; H. U. Rieker, Die zwölf Tempel des Geistes. Weisheit und Technik der Yogasysteme. Zürich 1955; Lexikon der östlichen Weisheitslehren. Bern 1986; König/Waldenfels (Hrsg.), Lexikon der Religionen. Freiburg 1987. H. Dumoulin, Östliche Meditation und christliche Mystik. Freiburg 1966.

Z

Zahl (althochdeutsch: „zala“, Einkerbung in einem „Zahlstock“). Wie Buchstabe und Alphabet, so gehört die Z. zum Grundbestand der menschheitlichen Überlieferung. Während nun in den Bereichen des heutigen Zweckdenkens u.a. in der Wirtschaft und Wissenschaft mit der *quantitativen* Seite der Zahl „gerechnet“, in den Computern „hochgerechnet“ wird, während man Raum und Zeit der gegenständlichen Welt „mißt“, signalisiert die Z. im geistigen Leben *Qualität.* Daher ist z.B. in mythisch-religiösen Schilderungen zu klären, ob die vorkommenden Zahlenangaben nur eine Menge nennen, oder ob sie als Siegelabdruck des Geistigen angesehen werden müssen. Das hieße, die Z. nach ihrem →Symbol-Gehalt befragen. Und der ist im Sinne echter Symbolik von Fall zu Fall mehrdeutig, weil mehrdimensional. So umfaßt die Eins allumfassende Totalität; alles ist aus der Einheit hervorgegangen. Dagegen beherrschen die Sieben bzw. die Zwölf die Zeit und den Raum, die Umlaufzeiten des Mondes, sodann die der Wandelsterne und Tierkreisbilder ... Nach tiefenpsychologischer Deutung ist die Z. der „gemeinsame Anordner von Psyche und Materie“ (M.L. von Franz). Von daher kommt ein geistiger Brückenschlag in Sicht, durch den zwei voneinander so sehr getrennt erscheinende Erkenntnisgebiete wie Seelenforschung und Physik miteinander zu verbinden sind. Hinter dem Dualismus von Psyche und Materie läßt sich eine „Einheitswirklichkeit“ im Sinne C. G. Jungs, der „Unus mundus“ der →Alchemie, als die eine, zugleich einende Welt erahnen. Es eröffnet sich die erstaunliche Perspektive, gemäß der sich westliches Denken (Jungs Verständnis von „Synchronizität“, Gleichzeitigkeit) mit den uralten Wahrsagepraktiken, etwa mit dem →I Ging, in Zusammenhang bringen lassen. Zahlenmystik und Z.-Symbolik bekommen von neuem Bedeutung. Andererseits gilt seit alters: „Das in Raum und Zeit erscheinende →Heilige wird festgehalten in der Z." (F. Heiler).

Lit.: E. Bindel, Die geistigen Grundlagen der Zahlen. Stuttgart 1958; F. C. Endres / A. Schimmel, Das Mysterium der Zahl. Köln 1984; M. E. von Franz, Zahl und Zeit. Stuttgart 1970; F. Heiler, Erscheinungsformen und Wesen der Religion. Stuttgart 1961, S. 161 ff.

Zen, Zen-Buddhismus (jap. „zenna", chines. „ch'an", sanskrit „dhyana", Meditation, Versenkung), ein aus fernöstlicher Spiritualität herausentwickelter Erkenntnisweg (→innerer Weg). Religionsgeschichtlich gesehen stellt Z. eine Schulrichtung des Mahayana-Buddhismus dar, die sich im China des 6. und 7. Jahrhunderts entwickelt und in Japan weiter entfaltet hat. Dieser eher exoterischen, an religiöse und weltanschauliche Voraussetzungen geknüpfte Auffassung des Z. steht eine esoterische gegenüber. Danach ist Z. „keine Religion, sondern die nicht definierbare, nicht vermittelbare, von jedem einzelnen nur für sich selbst erfahrbare Wurzel (→Erfahrung), frei von jeglichen Namen, Bezeichnungen und Begriffen, aus der als Ausdrucksform dieser Erfahrung alle Religionen erst entspringen. In diesem Sinne ist Z. an keine religiöse Tradition, auch nicht an die buddhistische, gebunden" (Lexikon der östlichen Weisheitslehren, 472). Unter diesem Aspekt ist Z. nahezu unbegrenzt assimilierbar, ohne daß die Gefahr eines oberflächlichen →Synkretismus befürchtet werden müßte. Von daher ergibt sich die Z.-Rezeption im Westen und durch Christen (z. B. E. Herrigel, K. Graf Dürckheim, H. M. Enomiya-Lassalle). Die Z.-Meditation, „Za-Zen", ist, so gesehen, nicht nur gegenstandslos, sondern auch voraussetzungslos, weil dieses Z.-Sitzen nicht etwa als die Methode für die Aneignung einer östlichen Religiosität oder Weltanschauung anzusehen ist. Sofern ein Ziel angegeben werden kann, handelt es sich um eine Wesensschau, ein neues bewußtes Sehen der einen Wirklichkeit, ein Wachwerden durch →Satori (→Erleuchtung). „Z. führt uns in die Wahrheit des Lebens. Es tut dies zwar in Gestalt einer Blüte am östlichen Zweige des menschlichen Lebensbaumes, meint aber eine im Grunde allen Menschen zugängliche Erfahrung, Weisheit und Übung", betont Karlfried Graf Dürckheim.

Lit.: K. Graf Dürckheim, Zen und wir (1961). Frankfurt 1974; E. Herrigel, Zen in der Kunst des Bogenschießens (1948). München 1954; P. Kapleau, Die drei Pfeiler des Zen. Zürich–Stuttgart 1969; D. T. Suzuki, Leben aus Zen. Eine Einführung in den Zen-Buddhismus (1955), München 1987; A. W. Watts, Zen-Buddhismus. Tradition und westliche Gegenwart. Hamburg 1961; H. M. Enomiya-Lassalle, Zen und christliche Mystik (1966). Freiburg 1986; G. Wehr, Karlfried Graf Dürckheim. Ein Leben im Zeichen der Wandlung. München 1988.

Zierde der geistlichen Hochzeit, die (niederl. „Chierheit der gheesteleker brulocht"), Hauptwerk des flämisch-niederländischen Mystikers Jan van Ruusbroec (Ruysbroeck, 1293–1381). Es basiert auf der urbildlichen Vorstellung der →Heiligen Hochzeit, die in erotischen Bildern, aber in eindeutiger spirituell-religiöser Sinngebung auf die Vereinigung mit Gott, hier: mit dem „Bräutigam Christus" geschaut wird (→Unio mystica). Darauf deuten schon die Eingangsworte hin: „Siehe, der Bräutigam kommt; geht aus, ihm entgegen!" Wie der Autor bereits in seinem Vorwort mitteilt, beabsichtigt er, den Appell des Evangelisten Matthäus in einer dreifachen Weise zu entfalten, nämlich im Blick auf das äußere tätige Leben eines jeden Menschen; sodann im Blick auf das innere Leben und schließlich im Aufblick zur Gnade Gottes, von der letztlich das Entscheidende zu erwarten ist, auch wenn es dem suchenden, wartenden Menschen obliegt, den →inneren Weg entschlossen zu beschreiten. Damit ist eine Bewegungsrichtung angedeutet, die in den einzelnen Betrachtungen der Z. zum Tragen kommen. Diese Bewegung verläuft zunächst von außen nach innen und von unten nach oben, vom natürlichen Bereich der Wirklichkeit in den übernatürlichen, das heißt zu Gott. Noch wichtiger ist dem Mystiker aber: „Christus kommt von oben (entgegen) ... Und das Kommen Christi geht *in uns* von innen her auswärts. Unser Auf-ihn-Zukommen indes geht von außen her einwärts. Deswegen muß denn hier eine geistliche Begegnung stattfinden." Ähnlich der späteren →Christosophia Jakob Böhmes will die Z. als ein spiritueller Übungs- und Schulungsweg verstanden werden, auf dem der Mensch sein wahres →Selbst, d.i. Christus, findet bzw. von ihm gerufen wird. – Mit diesem und mit seinen anderen Schriften hat Ruusbroec auf die →Devotio moderna ebenso gewirkt wie auf die Kreise der →Gottesfreunde. Diese Wirkung hält an, die Neueditionen seiner Werke zeigen.

Lit.: J. van Ruusbroec, Die Zierde der geistlichen Hochzeit. Einsiedeln 1987; G. Wehr, Die Deutsche Mystik. München 1988, 138–154.

WEITERE WERKE VON GERHARD WEHR

(Auswahl)

Im Herder Verlag Freiburg
Jakob Böhme – Die Morgenröte bricht an. Zeugnisse der Naturfrömmigkeit und der Christuserkenntnis (Herderbücherei 1077).
Rudolf Steiner – Erkenne dich im Strome der Welt. Wege zur Bewußtseinserweiterung (Herderbücherei 1328).

Im Kösel Verlag München
Carl Gustav Jung. Leben, Werk, Wirkung (1985).
Heilige Hochzeit. Symbol der Ganzwerdung und Reifung (1986).
Rudolf Steiner. Leben, Erkenntnis, Kulturimpuls (1987).
Karlfried Graf Dürckheim. Ein Leben im Zeichen der Wandlung (1988).

Im Rowohlt Verlag Reinbek
Der innere Weg. Anthroposophische Erkenntnis, geistige Orientierung und meditative Praxis (1983).
Bildmonographien über Martin Buber (rm 147), C. G. Jung (rm 152), Jakob Böhme (rm 179), Thomas Müntzer (rm 188), Paul Tillich (rm 274) und Meister Eckhart (rm 376).

Im Ernst Klett Verlag Stuttgart
Esoterisches Christentum. Aspekte, Impulse, Konsequenzen (1975).

Im Verlag Eugen Diederichs Köln/München
Die Bruderschaft der Rosenkreuzer. Esoterische Texte (1984).

Im O. W. Barth Verlag München
Die deutsche Mystik. Mystische Erfahrung und theosophische Weltsicht (1988).

Im Ogham Verlag Stuttgart
Jakob Böhme: Vom übersinnlichen Leben (1986).

Im Novalis Verlag Schaffhausen
Auf den Spuren urchristlicher Ketzer. Christliche Gnosis und heutiges Bewußtsein (1983).

Im Diogenes Verlag Zürich
C. G. Jung. Leben, Werk, Wirkung (1988).
Thomas Müntzer: Schriften und Briefe (1989).
Mystisch-theosophische Texte der Neuzeit (1989).

Zeit-Wende-Zeit

Susanne Schaup
Wandel des Weiblichen
Der Aufbruch der Frau ins New Age
Band 1534, 160 Seiten

Karl Ledergerber / Peter Bieri
Was geht New Age die Christen an?
Brücken zum gegenseitigen Verständnis
Band 1542, 144 Seiten

Johannes Georg Landolt
Verbraucher im New Age
Steht die Wirtschaft vor einer Wende?
Band 1550, 160 Seiten

Ulli Olvedi
Die neue Lust am Irrationalen
Chancen und Fallen der New-Age-Bewegung
Band 1588, 160 Seiten

Günter Harnisch
Einfach leben – besser leben
Lebensstil im New Age
Band 1589, 128 Seiten

Peter Dinzelbacher
An der Schwelle zum Jenseits
Sterbevisionen im interkulturellen Vergleich
Band 1584, 96 Seiten